崇賢館

千年古書

千年古書

壬辰仲秋京師崇賢館刊

總序

中國是一個擁有數千年文明的古老國家，幾千年前就出現了作爲文明載體的文字。在經歷了刻畫、熔鑄的發展歷程之後，早在殷商時，人們可能已開始了在竹木簡上的書寫。故而周公在《尚書·多士》篇裏不無驕傲地説：『惟殷先人，有册有典。』

正是在先秦時期，學術文化逐漸從祝、史手裏解放出來，孔子以及戰國時的學者把過去千年來積累的檔案文獻編輯成經典，詳加注疏。與他同時代的各個學派，即後人所謂先秦諸子，也在此時開始了自己的著述，諸多文化學術、自然科學方面的專著應運而生。這些經、傳、論著組成了我國最早的圖書，即最早的古籍。

中國的古籍是中華民族優秀文化的集中體現，爲我們傳承了先賢聖哲的寶貴精神財富。中國的雕版印書始於初唐，成於五代，盛於兩宋，旁及遼、西夏、金，延袤於元、明、清，時間跨度約爲一千三百多年。可是就在這一千三百多年中，典籍大量散佚，流存至今的唐、五代時期的版印實物，已成吉光片羽。而兩宋三百二十年間刻書出版事業最爲興盛，據不完全統計，官私刻書有一萬多種。印數則當以百千萬計。元代掌握全國政權九十七年，僅是宋代歷史的三分之一，據不完全統計，刻書也有三千二百多種，相當於宋代刻書總量的四分之一。然而這些典籍散佚極其嚴重，至清嘉慶時，著名版本學家、校勘學家顧千里就曾感嘆：『宋元本距今遠者八百餘年，近者不足五百年，而天壤間乃已萬不一存。』故而呼吁：『舉斷不可少之書而墨之，勿失其真，是縮今日爲宋元也，是緩千百年爲今日也。』

隨著歲月的變遷，古籍的概念已經有所變化。今天我們能夠見到的古籍大致分爲三類，即文物古籍、影印古籍和新排古籍。

在顧千里生活的時代，真正的文物古籍很多已經成爲稀世奇珍，能夠傳承延續已是萬幸，尋常人難窺一面，更遑論翻閱誦讀，而將珍貴的古籍善本大量複製也不過是個美好的夢想。兩百年後的今天，我們憑借高超的影印技術，不但能夠做到『不失其真』，『縮今日爲宋元』，且能延宋元至長遠的未來。那些久已絶版而又傳世孤罕的珍稀善本由此得以化身千百，嘉惠學林。然而影印古籍雖然保留了古籍最真實的原貌，打破了普通大衆不可企及的門檻，但艱深的文言、聱牙的語句依舊拒人千里。面對没有句讀、古字連篇的書頁，很多人卻步了。

在諸多因素的促成下，新排古籍成爲了當前最適應大衆需求的古籍出版形式。先賢往聖的學識思想經過現代的解讀、注釋，卸下了威嚴的面孔，以淺近親人的姿態重新出現，使得這些高品質、高品位的古籍能夠真正走近民衆，走向現代，有力地推動了中華文明精髓在海内外的傳播。

崇賢館藏書涵蓋經、史、子、集，既有書畫真迹，亦有碑刻拓片。其内容囊經天緯地之道，攬脩身齊家之學，是爲現代人重建私德體系提供的一套最權威、最完備的『中華傳世珍本藏書』。這一系列印刷精美、古意盎然的綫裝古籍，將力爭成爲新排古籍出版領域最優秀的出版物，保證中華文化薪火相傳，生生不息，使之蔭及子孫，傳諸久遠。

李克

壬辰仲秋於勤思敏行樓

史記菁華錄

冊一

司馬遷 著

白山出版社

前言

中華史籍浩如烟海，內容博大精深。其中，被賦予『正史』地位的『二十四史』是最爲重要的。而『二十四史』之首就是西漢司馬遷所著的《史記》。《史記》是一部通史，從傳説中的黃帝開始，一直寫到漢武帝元狩元年，敘述了我國時跨三千年左右的歷史。全書有本紀十二篇，表十篇，書八篇，世家三十篇，列傳七十篇，共一百三十篇。本紀是全書提綱，按年月記述帝王的言行政績。表用表格來簡列世系、人物和史事。書則記述制度發展，涉及禮樂制度、天文兵律、社會經濟、河渠地理等諸方面內容。世家記述子孫世襲的王侯封國史迹。列傳是重要人物傳記。《史記》開創了我國傳記文學的先河，爲我國古代文化建立了不朽的豐碑。近人梁啓超稱贊這部巨著是『千古之絶作』。魯迅譽之爲『史家之絶唱，無韵之《離騷》』。

《史記》卷帙浩繁，這對普通讀者來説閲讀實在有些困難，而且《史記》的精華在其紀傳部分，爲此我們重點選取了紀傳和世家中的一些經典篇目，讓讀者能夠對《史記》有一個宏觀的把握。書中原文部分選擇最權威、精良的版本作爲底本，注釋精煉，譯文通俗易懂，配圖精美。同時，我們在每篇文章前面加上簡要介紹文章內容的題解，譯文後面加入賞析和唐代司馬貞《史記索隱》撰寫的述贊。書的最後，附以編者編寫的《司馬遷及史記》一文，使讀者能夠對《史記》和它的作者司馬遷有一個更深入的了解。

爲讀者撥開歷史的雲霧，自我們的先民處學得處事之道、治世之理，以爲今天的生活所借鑒，是我們編撰這本書的目的所在。我們由衷地希望，讀《史記》，讀者朋友們能夠學習祖先的智慧，以宜於自己的工作和生活。

崇賢館

史記菁華録目録

冊六

五帝本紀

題解 《五帝本紀》選自《史記》卷一，本紀第一，是《史記》全書百三十篇中的首篇，主要取材於《尚書》、《世本》和《大戴禮記·五帝德》。本篇記載了遠古傳說中五個部落首領——黄帝、顓頊、帝嚳、堯、舜的事迹，并記録了當時部落之間的戰爭，部落聯盟首領的禪讓，遠古人民治洪水、開良田、觀天文、推曆法、音樂舞蹈等諸多方面的情况。

原文 **黄帝者，少典之子①，姓公孫②，名曰軒轅。生而神靈，弱而能言，幼而徇齊，長而敦敏，成而聰明。**

軒轅之時，神農氏世衰。諸侯相侵伐，暴虐百姓，而神農氏弗能征。於是軒轅乃習用干戈③，以征不享，諸侯咸④來賓從。而蚩尤最爲暴，莫能伐。炎帝欲侵陵諸侯，諸侯咸歸軒轅。軒轅乃脩德振兵，治五氣⑤，蓺五種，撫萬民，度四方，教熊、羆、貔、貅、貙、虎⑥，以與炎帝戰於阪泉之野。三戰，然後得其志。蚩尤作亂，不用帝命。於是黄帝乃徵師諸侯，與蚩尤戰於涿鹿之野，遂禽殺蚩尤。而諸侯咸尊軒轅爲天子，代神農氏，是爲黄帝。天下有不順者，黄帝從而征之，平者去之，披山通道，未嘗寧居。

有土德之瑞，土色黄，故稱黄帝，猶神農火德王而稱炎帝然也。此以黄帝爲五帝之首，蓋依大戴禮五帝德。謂春甲乙木氣，夏丙丁火氣之屬，是五氣也。

黄帝

黄帝首先統一中華民族，與炎帝并稱爲中華民族的始祖。

注釋 ①少典：《索隱》：『少典者，諸侯國號，非人名也。』這裏所謂的『諸侯國號』實際上就是遠古部族名。子：後代。②公孫：《索隱》引皇甫謐云：『黄帝生於壽丘，長於姬水，因以爲姓。』據此，黄帝姓姬。《史記會注考證》云：『《大戴禮·五帝德》無「姓公孫」三字，未詳史公所本。』又引崔述云『公孫者，公之孫也』，認爲公孫不是黄帝的姓。③干戈：干和戈都是古代兵器。④咸：都。⑤五氣：五行之氣。古代把五行和四時相配，春爲木，夏爲火，季夏（夏季的第三個月，即陰曆六月）爲土，秋爲金，冬爲水。『治五氣』指研究四時節氣的變化。⑥熊、羆、貔、貅、貙、虎：都是猛獸名。《索隱》認爲這些猛獸經過訓練可以作戰。《正義》以爲這些猛獸名是用來給軍隊命名的，借以威嚇敵人。六種猛獸可能是六個氏族的圖騰。

譯文 黃帝是少典氏的後代，姓公孫，名軒轅。他在剛生下來的時候就表現出神奇靈異的本領，在襁褓中就會說話了，幼兒時就很懂得禮節，稍大一些就更加淳樸機敏，成年以後睿智又穩重。

軒轅的時候，神農氏的統治漸漸衰落。各個諸侯間不斷發生戰爭，殘害百姓，而神農氏沒有能力征討。於是，軒轅就開始操練士兵，征討那些不來朝貢的諸侯。於是，那些諸侯就都來朝貢，對軒轅俯首稱臣。但是，蚩尤非常殘暴，誰也無法征服他。另外炎帝想要侵犯其他的諸侯，諸侯們都歸順了軒轅。於是，軒轅推廣德行，整頓軍隊，研究氣候，種植五穀，安撫百姓，測量土地，并訓練了像熊、羆、貔、貅、貙、虎那樣凶猛的士兵，率領他們在阪泉的野外和炎帝交戰。三次交戰以後，黃帝的軍隊獲得勝利。這時，蚩尤作亂，不聽黃帝的命令。黃帝就將各地諸侯的軍隊徵集到一起，在涿鹿的郊外和蚩尤交戰。最後，軒轅活捉了蚩尤，并殺了他。這之後，各地的諸侯都尊奉軒轅爲天子，取代神農氏，這就是黃帝。從此以後，天下如果有不順從的，黃帝就去征討，直到平定才離開。黃帝統治以後，他開山通路，從來沒有安穩休息的時候。

神農氏

在飲食方面做出突出貢獻的，就是偉大的神農氏。不僅如此，神農氏還是傳說中農業和醫藥的發明者，相傳他發明及製造了耒耜等多種農具，教人民進行耕作。

原文 **東至於海，登丸山，及岱宗。西至於空桐，登雞頭。南至於江，登熊、湘。北逐葷粥①，合符釜山，而邑於涿鹿之阿。遷徙往來無常處，以師兵爲營衛。官名皆以雲命，爲雲師。置左右大監，監於萬國。萬國和，而鬼神山川封禪與爲多焉。獲寶鼎，迎日推筴。舉風后、力牧、常先、大鴻以治民。順天地之紀，幽明之占，死生**

括地志云：『丸山即丹山，在青州臨朐縣界硃虛故縣西北二十里，丹水出焉。』

皇甫謐曰：「受國於有熊，居軒轅之丘，故因以爲名，又以爲號。山海經曰『在窮山之際，西射之南』。」

之說，存亡之難。時②播百穀草木，淳化鳥獸蟲蛾，旁羅日月星辰水波土石金玉，勞勤心力耳目，節用水火材物。有土德之瑞，故號黃帝。

注釋 ①葷粥：部族名，即匈奴。②時：按季節。一說「時」通「蒔」，栽種。

譯文 黃帝的足迹向東延伸到海，登上丸山，一直到泰山；向西延伸到空桐，登上雞頭山；南面到長江，登上熊山、湘山；在北面驅逐了匈奴，來到釜山，與各個諸侯合驗了符契，并在涿鹿山的腳下建了都城。但是，黃帝四處遷徙，沒有固定的住處，他用士兵爲自己站崗，官職都是用雲來命名，軍隊稱爲雲師，又設置左右兩名大監，監理諸國的事務。從此，萬國安定，因此祭祀鬼神山川及封禪那樣的事情，數黃帝時最多。黃帝得到寶鼎，便用來觀測太陽的運行，推算曆法。他還任用風后、力牧、常先、大鴻來治理百姓。黃帝順應天地四時的規律，推測陰陽的變化，探求生死的道理，論述存亡的原因。按時節栽種穀物百草，馴化鳥獸蟲蛾，測定日月星辰以確定曆法，收集土石金玉供百姓使用，身心耳目都很辛勞，節約使用水火及各種材料、物品。因爲軒轅有土德這樣的祥瑞徵兆，因此號爲黃帝。

原文 黃帝二十五子，其得姓者十四人。

顓頊

顓頊帝姓高陽氏，黃帝的孫子。據說他設定了日月星辰的位置，讓重、黎二人負責天、地的事物，結束了民神雜糅的歷史。

黃帝居軒轅之丘，而娶於西陵之女，是爲嫘祖。嫘祖爲黃帝正妃，生二子，其後皆有天下：其一曰玄囂，是爲青陽，青陽降居江水；其二曰昌意，降居若水。昌意娶蜀山氏女，曰昌僕，生高陽，高陽有聖德焉。黃帝崩，葬橋山。其孫昌意之子高陽立，是爲帝顓頊也。

帝顓頊高陽者，黃帝之孫而昌意之子也。靜淵以有謀，疏通而知事；養材以任地，載時以象天，依鬼神以制義，治氣以教化，絜誠以祭祀。北至於幽陵，南至於交阯，西至於流沙，東至於蟠木。動靜之

言能養材物以任地。大戴禮作『養財』。

物，大小之神，日月所照，莫不砥屬。

【譯文】黄帝一共有二十五個兒子，其中得姓的一共十四個人。

黄帝住在軒轅山，他娶了西陵氏的女兒，就是嫘祖。嫘祖是黄帝的正妃，她爲黄帝生了兩個兒子，他們的後代都曾經統治天下：一個叫玄囂，也就是青陽，他住在江水；另外一個叫昌意，他住在若水。昌意娶了蜀山氏的女兒，叫昌僕，并生下高陽。高陽是個很有道德的人。黄帝死了以後，被埋葬在橋山。他的孫子、昌意的兒子高陽，繼承了黄帝的帝位，這就是顓頊帝。

高陽，他是黄帝的孫子，昌意的兒子。他的性格文靜深沉，并且很有謀略，通達事理；高陽讓人種植各種作物，充分利用土地，按時行事，順應自然的規律，祭祀鬼神，制定禮儀，將五行之氣理順，教化百姓，虔誠恭敬地進行祭祀。向北到達幽陵，向南到達交阯，向西到達流沙，向東到達蟠木，不管是運動的還是靜止的，不管是大神還是小神，衹要是日月能夠照到的地方，沒有一個不歸順他的。

【原文】帝顓頊生子曰窮蟬。顓頊崩，而玄囂之孫高辛立，是爲帝嚳。

帝嚳高辛者，黄帝之曾孫也。高辛父曰蟜極，蟜極父曰玄囂，

玄囂父曰黄帝。自玄囂與蟜極皆不得在位，至高辛即帝位。高辛於顓頊爲族子。

高辛生而神靈，自言其名。普施利物，不於其身。聰以知遠，明以察微。順天之義，知民之急。仁而威，惠而信，脩身而天下服。取地之財而節用之，撫教萬民而利誨之，曆日月而迎送之，明鬼神而敬事之。其色郁郁，其德嶷嶷。其動也時，其服也士。帝嚳溉①執中而遍天下，日月所照，風雨所至，莫不從服。

帝嚳

帝嚳是黄帝的曾孫，顓頊的侄子，『生而神靈，自言其名』。因輔佐顓頊有功，被封於高辛（今河南商丘南部高辛）。三十歲時，代顓頊爲帝。

張晏曰：『少昊以前，天下之號象其德。顓頊以來，天下之號因其名。高陽、高辛皆所興之地名；顓頊與嚳皆以字爲號：上古質故也。』

【注釋】①溉：灌溉。一説同『概』，本義指量糧食時用來刮平升斗的工具，引申義爲公平。

譯文 顓頊帝生了兒子窮蟬。顓頊駕崩以後，玄囂的孫子高辛繼承帝位，這就是帝嚳。

帝嚳高辛，是黃帝的曾孫。高辛的父親叫蟜極，蟜極的父親叫玄囂，玄囂的父親就是黃帝。玄囂和蟜極都沒能繼承帝位，衹有到了高辛的時候才繼承帝位。高辛是顓頊的侄子。

高辛生下來的時候就表現得很神奇靈異，自己能夠說出自己的名字。他廣泛地施給百姓恩惠，不會爲自己謀私利。他聰明又有遠見，能夠清楚地體察到細微之處。高辛能夠順應天地的道義，明了百姓的疾苦。他仁義又不失威嚴，溫和又守信用，自身脩養令天下人都歸服。他收穫土地上的作物，并且節儉地利用；他安撫教化百姓，并教給他們有益的事情；他根據日月的變化迎送它們；他明白鬼神的事情并恭敬地供奉。他儀表堂堂，德行高尚。他的舉動符合時宜，他的服飾就像士人。帝嚳的管理很公平，天下都知道，太陽和月亮能夠照到的地方，風雨能夠光臨的地方，人們都服從他。

原文 帝嚳娶陳鋒氏女，生放勛。娶娵訾氏女，生摯。帝嚳崩，而摯代立。帝摯立，不善，而弟放勛立，是爲帝堯。

帝堯者，放勛。其仁如天，其知①如神。就之如日，望之如雲。

帝堯 傳說帝堯的臉上部窄下部寬，形狀好像葫蘆，他的眉毛呈八字形，而且有很多顏色，所以人們說『堯眉八彩』。

富而不驕，貴而不舒。黃收純衣，彤車乘白馬。能明馴德，以親九族。九族既睦，便章百姓。百姓昭明，合和萬國。

乃命羲、和，敬順昊天，數法日月星辰，敬授民時。分命羲仲，居郁夷，曰暘谷。敬道日出，便程②東作。日中，星鳥，以殷中春。其民析，鳥獸字微③。申命羲叔，居南交。便程南爲，敬致。日永，星火，以正中夏。其民因，鳥獸希革④。申命和仲，居西土，曰昧谷。敬道日入，便程西成。夜中，星虛，以正中秋。其民夷易，鳥獸毛毨。申命和叔，居北方，曰幽都。便在伏物。日短，星昴，以正中冬。其民燠，鳥獸氄毛。歲三百六十六日，以閏月正四時。信飭⑤百官，衆功皆典。

注釋 ①知：同『智』。②便程：分別次第，使做事有步驟。『便』通『辨』，别。③字：生子。微：通『尾』，交尾。④希革：指夏季炎熱，鳥獸皮上毛羽稀少。『希』，同『稀』。『革』，獸皮。⑤飭：通『敕』，告誡。

譯文 帝嚳娶了陳鋒氏的女兒，生下放勛；娶了娵訾氏的女兒，生下了摯。帝嚳駕崩後，摯繼承了他的帝位。帝摯在位期間，不善於管理。後來，他的弟弟放勛繼承帝位，這就是帝堯。

帝堯就是放勛。他的仁德像天一樣的浩大，他的智慧像神一樣的高深。人們像追隨太陽那樣地追隨着他，人們仰望他就像望着天上的雲彩。帝堯富有但是不驕縱，尊貴但不傲慢。他戴着黄色的冠冕，穿着黑色的衣服，乘坐紅色的車子，駕着白色的馬。他能發揚高尚的品德，讓各個部族都緊密團結在一起。當各部族非常團結的時候，他又去考察百官，當百官的職責也非常明確的時候，天下就非常團結安定了。

帝堯於是命令羲氏、和氏，恭敬地尊奉上天的旨意，根據日月星辰的變化制定曆法，讓老百姓都學會觀察時令。命令羲仲住在叫暘谷的郁夷之地。帝堯讓他們恭敬地迎接朝陽的升起，依照步驟安排好春天的耕種。春分那天，白天和夜晚的時間一樣長，朱雀七宿在黄昏時出現在正南方，根據這種特徵確定春分的時間。這個時候，百姓分散到田野中耕種，鳥獸交尾生育。帝堯又命令羲叔住在南交，分步驟審慎地安排好夏季做農活的時間，恭敬地等待夏至的到來。夏至那天的白天是一年中最長的，黄昏的時候，火星出現在天空正南方，根據這樣的特徵確定夏至的日子。每到這個時節，人們住在高處，鳥獸的羽毛也漸漸變得稀疏。帝堯又命令和仲住在西方的昧谷，讓他恭敬地送别太陽，仔細安排好秋天收穫的事情。秋分那天夜晚和白天的時間一樣長，虚星在黄昏的時候出現在正南方的天空，根據這樣的特徵來確定秋分的日子。每到這個時候人們忙着收割莊稼，鳥獸也更換了新的羽毛。帝堯命令和叔住在北方的幽都，讓他安排儲藏穀物的事情。一年之中，白天最短，昴星在黄昏時分出現在天空的正南方，根據這樣的景象可以判斷冬至的到來。每到這個時節，人們都會留在屋裏取暖，鳥獸的羽毛會變得又密又厚。一年中有三百六十六天，用置閏月的方法將四季調整準確。帝堯還真誠地告誡

鄭玄曰：『言汝諸侯之中有能順事用天命者，入處我位，統治天子之事者乎？』

任賢圖治

帝堯命羲和四人敬授民時，百官各司其職，垂拱而天下治。

百官，所有的事業都興旺發達起來。

原文

堯曰：『誰可順此事？』放齊曰：『嗣子丹朱開明。』堯曰：『吁！頑凶，不用。』堯又曰：『誰可者？』讙兜曰：『共工旁聚布功，可用。』堯曰：『共工善言，其用僻，似恭漫天，不可。』堯又曰：『嗟，四嶽，湯湯①洪水滔天，浩浩懷山襄陵，下民其憂，有能使治者？』嶽曰鯀可。堯曰：『鯀負命毀族，不可。』嶽曰：『異哉，試不可用而已。』堯於是聽岳用鯀。九歲，功用不成。

堯曰：『嗟！四嶽：朕在位七十載，汝能庸命②，踐朕位？』嶽應曰：『鄙德忝帝位。』堯曰：『悉舉貴戚及疏遠隱匿者。』眾皆言於堯曰：『有矜③在民間，曰虞舜。』堯曰：『然，朕聞之。其何如？』嶽曰：『盲者子。父頑，母嚚，弟傲，能和以孝，烝烝治，不至姦。』堯曰：『吾其試哉。』於是堯妻之二女，觀其德於二女。舜飭下二女於嬀汭，如婦禮。堯善之，乃使舜慎和五典，五典能從。乃遍入百官，百官時序。賓於四門，四門穆穆，諸侯遠方賓客皆敬。堯使舜入山林川澤，暴風雷雨，舜行不迷。堯以爲聖，召舜曰：『女④謀事至而言可績，三年矣。女登帝位。』舜讓於德不懌。正月上日，舜受終於文祖。文祖者，堯大祖也。

注釋

①湯湯：水流盛大的樣子。②庸命：指順應天命。『庸』同『用』。③矜：通『鰥』，無妻的成年男子。④女：同『汝』，你。

譯文

堯說：『有誰能夠做治理好國家的大事？』放齊說：『您的兒子丹朱聰明開通。』堯說：

『唉！丹朱愚頑、凶惡，不能用啊。』堯又說：『還有誰能夠繼承我的帝位呢？』讙兜說：『共工能夠廣泛地聚集民衆，他也做了很多事情，可以讓他來繼承您的帝位。』堯說：『共工說話很好聽，但是做事卻違背正道，表面對神明恭敬，實際上卻罪惡極大。不能重用。』堯又說：『各位首領，滚滚的洪水漫天而來，浩浩蕩蕩，把群山都包圍了，把丘陵也淹沒了，老百姓都非常擔心，現在有誰能夠承擔起治水的任務呢？』首領們都認爲鯀可以做這件事情。堯說：『鯀總是違反命令，傷害同族的人，不能任用他。』首領們又說：『也許不會那樣。可以先讓他治水，如果不行，再罷免他。』於是，堯聽從了首領們的建議，任用鯀治水。鯀治水治了九年，沒有收到什麼效果。

堯說：『唉！各位首領啊，我在位已經七十年了，你們哪一位能夠接替我的職位呢？』首領們一起回答說：『我們的德行低微，會玷辱了帝位。』堯說：『衹要這個人真正賢德有才能，不管是達官貴人，至親朋友，還是被疏遠或是隱居的人，你們都可以向我舉薦。』大家聽了異口同聲地對堯說：『在百姓中有一個還沒娶妻的人，他叫虞舜。』堯說：『是的，這個人我聽說過，他到底是個怎樣的人呢？』首領們說：『他是盲人的兒子。他的父親心地邪惡，母親愚悍奸詐，弟弟驕縱不堪，但是，舜用孝行讓家裏人團結和睦，他的家人都變得向善，不再有惡行。』堯說：『既然這樣，我就試試他吧。』於是，堯把自己的兩個女兒嫁給了舜，通過舜對待妻子的態度來觀察舜的德行。舜讓兩個妻子放下尊貴的心，住到嬀水河邊的家中，并讓她們謹慎遵守做媳婦的禮節。堯對舜這樣的做法非常滿意，就讓舜負責推行五教，在舜的治理下，人們都能按照五教行事。堯又讓舜按照五教來整頓百官，結果，百官都能遵章守法地辦事。堯還讓舜在四門接待外來的賓客，四門充滿了肅穆的氣氛，前來參觀的諸侯和賓客都非常恭敬。堯又讓舜進入山林川澤中，當暴風雷雨來臨的時候，舜仍然可以前進，不會迷失方向。這樣，堯便認爲舜是很聰明、有能力的，他召見舜說：『三年來，我發現你考慮問題周密，說過的話都能辦到。現在請你繼承我的帝位吧。』舜認爲自己的德行還不能勝任帝位，於是一再推讓，心中非常不安。正月初一，舜在文祖廟接受了堯的帝位。文祖，就是堯的太祖。

原文 於是帝堯老，命舜攝行天子之政，以觀天命。舜乃在璿璣玉衡，以齊七政[1]。遂類於上帝，禋於六宗，望於山川，辯[2]於群神。揖[3]五瑞，擇吉月日，見四嶽諸牧，班[4]瑞。歲二月，東巡狩，至於岱宗，祡[5]，

馬融曰：『揖，斂也。五瑞，公侯伯子男所執，以爲瑞信也。堯將禪舜，

皇甫謐云：『堯即位九十八年，通舜攝二十八年也，凡年百一十七歲。』

望秩於山川。遂見東方君長，合時月正日，同律度量衡，脩五禮五玉三帛二生一死爲摯⑥，如五器，卒乃復。五月，南巡狩；八月，西巡狩；十一月，北巡狩：皆如初。歸，至於祖禰廟，用特牛禮。五歲一巡狩，群後四朝。遍告以言，明試以功，車服以庸。肇十有二州，決川。象以典刑，流宥五刑，鞭作官刑，撲作教刑，金作贖刑。眚災過，赦；怙終賊，刑。欽哉，欽哉，惟刑之靜哉！

讙兜進言共工，堯曰：『不可。』而試之工師，共工果淫辟。四嶽舉鯀治鴻水，堯以爲不可，嶽強請試之，試之而無功，故百姓不便。三苗在江淮、荆州數爲亂。於是舜歸而言於帝，請流共工於幽陵，以變北狄；放讙兜於崇山，以變南蠻；遷三苗於三危，以變西戎；殛⑦鯀於羽山，以變東夷：四罪而天下咸服。

堯立七十年得舜，二十年而老，令舜攝行天子之政，薦之於天。

堯辟位⑧凡二十八年而崩。百姓悲哀，如喪父母。三年，四方莫舉樂，以思堯。堯知子丹朱之不肖⑨，不足授天下，於是乃權授舜。授舜，則天下得其利而丹朱病；授丹朱，則天下病而丹朱得其利。堯曰『終不以天下之病而利一人』，而卒授舜以天下。堯崩，三年之喪畢，舜讓辟丹朱於南河之南。諸侯朝覲者不之丹朱而之舜，獄訟者不之丹朱而之舜，謳歌者不謳歌丹朱而謳歌舜。舜曰『天也』，夫而後之中國踐天子位焉，是爲帝舜。

注釋 ①齊七政：意思是測定日、月、五星運行是否正常，以判斷政事之得失。古人認爲天象的變化，如日食、月食、五星相聚等與人事吉凶有關。『齊』是排列、校正的意思。『七政』指金、木、水、火、土五星及日、月。②辯：通『遍』，普遍地祭祀。③揖：通『輯』，聚斂。④班：同『頒』，分賜，頒發。⑤祡：同『柴』，古代祭祀名，燒柴祭天叫柴祭。⑥摯：通『贄』，古代初次拜見尊長時所送的禮物。⑦殛：通『極』，流放遠方。⑧辟位：退位。『辟』同

『避』。⑨不肖：不賢，不成才。

譯文　這時，帝堯年事已高，他讓舜代替他行使天子的職務，而他自己則觀察舜是否能夠勝任。於是，舜通過觀察北斗星，來測定日、月、五星運行是否正常，進而判斷政事的得失。舜又舉行了祭祀上天的儀式，也舉行了儀式祭祀四方，還以望禮遙祭的方法祭祀名山大川，之後又普遍祭祀了諸神。堯還準備了玉製的五種禮器，選擇吉利的日子，將四方諸侯君長召集到一起，并向他們頒賜了玉製的禮器。這年二月，舜到東面去巡察，他到達泰山，在那裏燒柴祭天，還以遙祭的形式祭祀了名山大川。之後，堯又接見了東方各部落的首領，協調校正了曆法，并同他們核對季節、月份與時日，將音律和度、量、衡統一，并制定了五種禮儀，把五種玉製禮器、三種采繒、兩種活牲、一種死禽分別作爲送給諸侯、卿大夫、士的禮品。朝覲完畢以後，舜將五種玉器又全部還給各方諸侯。五月，舜到南方去巡視。八月，他又到西方巡察。十一月，到北方巡察。每到一處，舜都像到東方那樣，首先召集當地的諸侯君長，將行政制度統一。回來以後，他就到祖廟父廟，用一頭牛做祭品，祭祀列祖列宗。以後，每五年舜就到各處巡察一次，各地諸侯也會每四年前來朝見舜。舜向天下頒布了自己的政令，根據業

績對諸侯明白地進行考察，然後，舜就根據功績的大小賞賜給車馬服飾。舜還設立了十二州，疏導了各地的河流。他規定用正常的方法實施刑罰，用流放來減免五刑，在官府中用鞭子作爲刑罰工具，在學校用戒尺作爲處罰工具，罪犯可以用金錢來抵償自己所犯的刑。因偶然的過失而犯罪可以赦免，但是對怙惡不悛的人則要施以重刑。慎重啊，慎重啊，在刑罰施行上，一定要小心又謹慎啊！

讙兜推薦共工，堯說：『不能用。』但是試着讓他做工師，結果共工放縱作惡。四方的諸侯首領都推薦鯀來治理洪水，堯也不滿意，首領們一再懇請，堯便讓鯀嘗試一下，但是試用以後，沒有收到成效，百姓仍然深受洪水的困擾。三苗部族在長江、淮河、荆州一帶不斷擾亂百姓。這時，舜巡視回來，他向帝堯報告，請求將共工放逐到幽陵，讓他成爲北狄；將讙兜流放到崇山，使其成爲南蠻；然後將三苗遷徙到三危，成爲西戎；將鯀放逐到羽山，成爲東夷。舜懲辦了這四個罪犯以後，天下的人更加順服舜的管理。

堯做了七十年的皇帝才發現了舜，又過了二十年堯因爲年老而退位，讓舜代替自己行使天子的職務，這是向上天舉薦舜。堯讓位二十八年後便去世了，所有的百姓都非常難過，就像失去了親生父母

諡法曰：『仁聖盛明曰舜。』虞，國名，在河東大陽縣。舜，諡也。

一樣。堯死後的三年時間中，天下所有的地方都停止奏樂，以表示對帝堯的哀悼。堯知道兒子丹朱沒有賢德，無法承擔起治理天下的重任，於是堯破例將帝位傳給了舜。堯將帝位傳給舜，天下的百姓都會得到好處，但丹朱會痛苦；將帝位傳授給丹朱，天下的百姓都會受苦，衹有丹朱一個人得利。堯說：『總不能用天下人的痛苦去換一個人的快樂。』於是，堯最終將天下傳給了舜。帝堯駕崩，在其三年喪期結束後，舜將帝位讓給丹朱，而自己則躲避到南河的南岸。結果諸侯都不去丹朱那裏朝見天子，而是到舜那裏。爭訟告狀的也不到丹朱那裏，都去找舜。唱贊歌的人不是謳歌丹朱，而是頌揚舜。舜說：『這是天意啊！』從此以後，舜來到國中，正式登上天子位，這就是帝舜。

原文 虞舜者，名曰重華。重華父曰瞽叟，瞽叟父曰橋牛，橋牛父曰句望，句望父曰敬康，敬康父曰窮蟬，窮蟬父曰帝顓頊，顓頊父曰昌意：以至舜七世矣。自從窮蟬以至帝舜，皆微爲庶人。

舜父瞽叟盲，而舜母死，瞽叟更娶妻而生象，象傲。瞽叟愛後妻子，常欲殺舜，舜避逃；及有小過，則受罪。順事父及後母與弟，日以篤謹，匪有解①。

帝舜

帝舜以孝聞名，後堯讓舜參預政事，經受各種磨煉。舜最終得到堯的認可，繼帝位。

舜，冀州之人也。舜耕歷山，漁雷澤，陶河濱，作什器於壽丘，就時於負夏。舜父瞽叟頑，母嚚，弟象傲，皆欲殺舜。舜順適不失子道，兄弟孝慈。欲殺，不可得；即求，嘗②在側。

舜年二十以孝聞。三十而帝堯問可用者，四嶽咸薦虞舜，曰可。於是堯乃以二女妻舜以觀其內，使九男與處以觀其外。舜居嬀汭，內行彌謹。堯二女不敢以貴驕事舜親戚，甚有婦道。堯九男皆益篤。舜耕歷山，歷山之人皆讓畔；漁雷澤，雷澤

言汝猶當庶幾於友悌之情義也。如孟子取尚書文，又云『惟茲臣庶，女其於予治』，蓋欲令象共我理臣庶也。

上人皆讓居；陶河濱，河濱器皆不苦窳。一年而所居成聚，二年成邑，三年成都。堯乃賜舜絺衣，與琴，爲築倉廩，予牛羊。瞽叟尚復欲殺之，使舜上塗廩，瞽叟從下縱火焚廩。舜乃以兩笠自扞而下，去，得不死。後瞽叟又使舜穿井，舜穿井爲匿空旁出。舜既入深，瞽叟與象共下土實井，舜從匿空出，去。瞽叟、象喜，以舜爲已死。象曰：『本謀者象。』象與其父母分，於是曰：『舜妻堯二女，與琴，象取之。牛羊倉廩予父母。』象乃止舜宮居，鼓其琴。舜往見之，象鄂③不懌，曰：『我思舜正鬱陶！』舜曰：『然，爾其庶矣！』舜復事瞽叟愛弟彌謹。於是堯乃試舜五典百官，皆治。

注釋　①匿：没有，不。解：同『懈』，怠慢。②嘗：通『常』。③鄂：通『愕』，吃驚。

譯文　虞舜名叫重華。重華的父親是瞽叟，瞽叟的父親是橋牛，而橋牛的父親叫句望，句望的父親是敬康，敬康的父親是窮蟬，窮蟬的父親是顓頊，顓頊的父親叫昌意。從昌意到舜已經有七代。從窮蟬到帝舜，都是很卑微的普通百姓。

舜的父親瞽叟是個盲人，舜的母親去世以後，瞽叟又娶了一個妻子生下象，象驕縱不遵守禮法。瞽叟寵愛後妻的兒子，想方設法要殺害舜，但是舜都想辦法逃開了。可是舜一旦犯了小的過失，就會遭到父親的懲罰。但是，舜仍然恭順地侍奉父親、後母和弟弟，他每天對家人都很真誠，沒有鬆懈怠慢的時候。

舜是冀州人。他曾經在歷山耕種，在雷澤捕魚，在黃河的邊上燒製陶器，在壽丘製作各種生產工具及生活用具，他還在負夏做過生意。舜的父親瞽叟心地陰險，母親奸詐愚悍，弟弟象桀驁不馴，他們都想將舜殺掉。但是，舜對他們始終恭順，孝順父母，待弟弟也友善親愛。父母兄弟想殺他，舜就躲起

孝感動天

舜是個大孝子，但被父親和後母趕出家門，舜於是到歷山耕田，到河濱製陶，到雷澤捕魚。舜所到之處，當地居民都受到舜的感染，互相謙讓，和睦相處，民風爲之一變。

來；假如有事找舜，舜又會及時出現。

舜二十歲的時候，他因爲孝順的美德而天下聞名。三十歲的時候，帝堯向各地首領詢問可以重用的人，四方的諸侯首領異口同聲地推薦虞舜，認爲他可以擔任治理天下的重任。於是，帝堯將兩個女兒嫁給了舜，并觀察他是怎樣治理家庭的。堯還讓九個兒子和舜相處，觀察舜在外是如何待人接物的。舜居住在嬀水邊，他在家中表現得非常恭謹。而堯的兩個女兒也不敢憑借高貴的出身而表現出傲慢，更不敢以這樣的態度對待舜的親戚，她們謹守爲人妻的規矩。堯的九個兒子也是變成更爲品行純樸厚道的人。舜在歷山種田的時候，歷山地區的百姓在劃分田界的時候，都懂得彼此謙讓；舜在雷澤捕魚的時候，雷澤一帶的人也都會讓出自己的住處；舜在黄河邊製作陶器的時候，黄河邊出産的陶器没有一個是粗製濫造的。舜在哪裏生活一年，那裏就會形成村落，舜生活兩年的地方，那裏就會形成城鎮，他居住過三年的地方，就會出現都市。爲此，堯賞賜給舜細葛布做成的衣服，還贈給他琴，并爲他建造了盛放糧食的倉廩，送給他牛羊。舜的父親瞽叟想要謀害舜，就讓舜到倉廩上去塗泥，然後瞽叟就從下面放火想要燒掉倉廩。舜就用兩個斗笠保護好身體，從倉廩上面跳下來逃走了，没被燒死。瞽叟

又讓舜去挖井，在挖井的時候，舜在井壁上偷偷挖了一個通向外面的隱蔽通道。當舜下到井的深處時，瞽叟和象一起往井裏填土，把井填得嚴嚴實實。這時，舜就從隱蔽的通道逃出來。瞽叟和象很高興，他們以爲舜終於死了。象說：『這個主意本來是我想到的。』然後，象和父母一起瓜分舜的財産，象又說：『舜的兩個妻子，也就是堯的兩個女兒，和那把瑤琴，都歸我了。牛羊和倉廩糧食就留給父母。』然後，象就跑到舜的居室住了下來，還彈着舜的琴。舜回到自己的住處看到象，象大驚失色，說道：『我思念你，正在傷心難過呢！』舜說：『是這樣啊，作爲兄弟，你對我的情誼眞是深厚啊！』之後，舜仍然侍奉瞽叟，愛護弟弟，表現得更加恭謹。於是，堯嘗試讓舜掌管五種禮教，負責管理百官，舜都做得很不錯。

原文 昔高陽氏有才子八人，世得其利，謂之『八愷』。高辛氏有才子八人，世謂之『八元』。此十六族者，世濟其美，不隕其名。至於堯，堯未能舉。舜舉八愷，使主后土，以揆百事，莫不時序。舉八元，使布五教於四方，父義，母慈，兄友，弟恭，子孝，內平外成。

有虞二妃

堯把兩個女兒娥皇、女英嫁給舜。後來舜南巡，死在南方。晉張華《博物志·史補》記載：「舜崩，二妃啼，以涕揮竹，竹盡斑。」因此現在江南有「斑竹」、「湘妃竹」的傳説。舜的兩位妻子後來被尊爲湘水的神，稱爲「湘君」。

昔帝鴻氏有不才子，掩義隱賊，好行凶慝，天下謂之渾沌。少皞氏有不才子，毀信惡忠，崇飾惡言，天下謂之窮奇。顓頊氏有不才子，不可教訓，不知話言，天下謂之檮杌。此三族世憂之。至於堯，堯未能去。縉雲氏有不才子，貪於飲食，冒於貨賄，天下謂之饕餮。天下惡之，比之三凶。舜賓於四門，乃流四凶族，遷於四裔，以禦螭魅，於是四門辟，言毋①凶人也。

注釋　①毋：同「無」。

譯文　從前，高陽氏有八個非常有才能的兒子，世人都得到他們的恩惠，稱他們爲「八愷」。高辛氏也有八個非常有才幹的兒子，世人叫他們「八元」。這十六個家族的人，世世代代都保持着他們家族的美好品德，從來沒有做過損壞他們先人聲譽的事情。到了堯的時候，堯沒有繼續任用他們的首領。舜則任用「八愷」的後人，讓他們負責農業生産的管理，負責所有事務，而他們把每件事也都處理得非常及時，并且很有條理。舜還任用了「八元」的後人，讓他們到四方傳布五教，使得做父親的有威嚴，做母親的有愛心，做哥哥的很友善，做弟弟的很恭敬，做兒子的孝順，這樣，家庭和睦，鄰里真誠。

從前，帝鴻氏有一個不成器的兒子，不懂得施行仁義，而且陰險狠毒，心腸險惡，總是行凶作惡，天下的人都稱他爲「渾沌」。少皞氏也有個很不成器的兒子，總是誹謗誠實的人，對忠直的人很憎惡，他喜歡推崇并粉飾邪惡的言論，人們都稱他「窮奇」。顓頊氏也有個不成器的兒子，他不願意接受任何教育，分不清好話和壞話，天下的人稱他爲「檮杌」。這三個部族的人，讓百姓感到憂慮，到堯的時候，堯也沒能及時鏟除他們。縉雲氏有個不成器的兒子，好吃懶做，貪戀財物，天下人稱他爲「饕餮」。人們都非常憎惡他，并把他和渾沌、窮奇、檮杌看成四個最凶惡的人。舜在國都的四門接待賓客的時候，便趁機將這四個凶惡的部族流放了，舜將他們遷到最偏遠的四個地方，并讓他們去抵禦妖魔鬼怪。於

彭祖即陸終氏之第三子，籛鏗之後，後爲大彭，亦稱彭祖。

是，國都的四門打開，大家都說沒有凶惡的人了。

原文

舜入於大麓，烈風雷雨不迷，堯乃知舜之足授天下。堯老，使舜攝行天子政，巡狩。舜得舉用事二十年，而堯使攝政。攝政八年而堯崩。三年喪畢，讓丹朱，天下歸舜。而禹、皋陶、契、后稷、伯夷、夔、龍、倕、益、彭祖自堯時而皆舉用，未有分職。於是舜乃至於文祖，謀於四嶽，辟四門，明通四方耳目，命十二牧論帝德，行厚德，遠佞人，則蠻夷率服。舜謂四嶽曰：『有能奮庸美堯之事者，使居官相事？』皆曰：『伯禹爲司空，可美帝功。』舜曰：『嗟，然！禹，汝平水土，維是勉哉。』禹拜稽首，讓於稷、契與皋陶。舜曰：『然，往矣。』舜曰：『棄，黎民始飢，汝后稷播時百穀。』舜曰：『契，百姓不親，五品不馴，汝爲司徒，而敬敷五教，在寬①。』舜曰：『皋陶，蠻夷猾夏，寇賊奸軌②，汝作士，五刑有服，五服三就；五流有度，五度三居：維明能信。』舜曰：『誰能馴予工？』皆曰垂可。於是以垂爲共工。舜曰：『誰能馴予上下草木鳥獸？』皆曰益可。於是以益爲朕虞。益拜稽首，讓於諸臣朱虎、熊羆。舜曰：『往矣，汝諧。』遂以朱虎、熊羆爲佐。舜曰：『嗟！四嶽，有能典朕三禮？』皆曰伯夷可。舜曰：『嗟！伯夷，以汝爲秩宗，夙夜維敬，直哉維靜絜。』伯夷讓夔、龍。舜曰：『然。以夔爲典樂，教稚子，直而溫，寬而栗③，剛而毋虐，簡而毋傲；詩言意，歌長言，聲依永，律和聲，八音能諧，毋相奪倫，神人以和。』夔曰：『於！予擊石拊石，百獸率舞。』舜曰：『龍，朕畏忌讒說殄僞④，振驚朕眾，命汝爲納言，夙夜出入朕命，惟信。』舜曰：『嗟！女二十有二人，敬哉，惟時相天事。』三歲一考功，三考絀⑤陟，遠近眾功咸興。分北⑥三苗。

此二十二人咸成厥功：皋陶爲大理，平，民各伏得其實；伯夷

益

益，又名伯益，古代東夷族首領少昊之後，女祖爲黃帝族顓頊之孫，係嬴姓諸國的受姓始祖。伯益在政治上很有建樹。他曾告誡大禹，凡事要有前瞻性，要慮事周全，要選賢任能、除奸去邪。

主禮，上下咸讓；垂主工師，百工致功；益主虞，山澤辟；棄主稷，百穀時茂；契主司徒，百姓親和；龍主賓客，遠人至；十二牧行而九州莫敢辟違；唯禹之功爲大，披九山，通九澤，決九河，定九州，各以其職來貢，不失厥宜。方五千里，至於荒服。南撫交阯、北發，西戎、析枝、渠廋、氐、羌，北山戎、發、息慎，東長、鳥夷，四海之內咸戴帝舜之功。於是禹乃興九招之樂，致異物，鳳皇來翔。天下明德皆自虞帝始。

注釋 ①寬：寬厚。一説寬即緩，意思是要慢慢地進行。②軌：通『宄』，在外作惡。③栗：戰栗，這裏指嚴厲，讓人敬畏。④殄僞：滅絶道德的行爲。僞，通『爲』。⑤絀：通『黜』，貶退。⑥分北：分離，分解。『北』，同『背』。

譯文 舜來到高山下的濃密樹林中，忽然刮起狂風，下起大雨，但是舜依然能找準方向，不會耽誤事情，正因爲這件事情，堯判斷舜是能夠託付天下的人。堯年老的時候，讓舜代理天子的職務，負責巡察天下。舜被舉用掌管政事二十年，堯便讓舜代行天子的政務。舜代理了八年的政事，堯就去世了。堯的三年服喪期結束以後，舜將皇位讓給堯的兒子丹朱，可是，天下的人都歸服舜。禹、皋陶、契、后稷、伯夷、夔、龍、倕、益、彭祖這些人，在堯統治的時候他們就得到了任用，衹是沒有得到相應的封邑和職務。於是，舜到了文祖廟，他和四方的諸侯首領們商議，打開四面的國門，讓言路暢通，并指派十二個地域的長官對天子的品德進行評議，舜認爲廣施恩德，遠離奸佞的小人，那麼偏遠地方的部族也都能夠臣服。舜對四方的諸侯首領說：『有誰能夠奮力做出成績，將帝堯的事業發揚光大，我就會給予他官職，讓他輔佐我治理天下。』大家都說：『讓伯禹任司空的職位，就可以將帝堯的功業發揚光大。』舜對禹說：『嗯，很好！禹，你去負責平定治理水土，一定要努力做啊。』禹向舜跪

皋陶作士，正平天下罪惡也。

拜叩頭，并將這個重任謙虛地推讓給稷、契和皋陶。舜說：『好了，這次還是你去吧。』舜又說：『棄，黎民百姓已經開始忍受飢餓，由你負責管理農業生產，你就教百姓種植各種穀物。』舜說：『契，百姓之間沒有團結和睦的氣氛，君臣、父子、夫婦、長幼、朋友相處的時候，應該有的道德也不信守，你來擔任司徒的職務，去謹慎地推行五教，要注意寬厚待人。』舜說：『皋陶，野蠻的邊遠部族常常來騷擾中原地區，賊寇猖獗。現在讓你擔任士，對觸犯了五刑的實施刑罰，要妥當執行，分別在市、朝、野三處。五刑寬減爲流放的，流放的遠近要有規定，按照罪行的輕重，流放的遠近分爲三個層次，分別是四境之外、九州之外和國度之外。一定要公正嚴明，這樣人民才能信服。』舜說：『誰能幫助我管理好各種工匠？』大家都認爲垂能做好這項工作。於是，舜就任命垂爲共工。舜說：『誰能治理好各地的山林草地，馴服鳥獸蟲蟻？』大家都認爲益能夠勝任。於是，舜就任命益作爲管理山林原野的虞官。益向舜跪拜并叩頭，謙虛地推讓給大臣朱虎、熊羆。舜說：『還是你吧，你能做好這項工作的。』然後，舜又派朱虎、熊羆作爲益的助手。舜說：『哎！各位首領們，你們誰能爲我主持三大祭典啊？』大家又說伯夷可以。舜說：『啊！伯夷，我命你擔任秩宗的職務，從早到晚，都要虔誠恭謹，內心要純淨，公正無私。』伯夷謙讓地要讓給夔、龍。舜說：『這樣吧，讓夔管理音樂，教育少年。要做到正直又溫和，寬宏又謹慎，剛強但不暴虐，簡單但不傲慢失禮；詩用來表達思想，歌能增加詩的音節，聲調必須根據歌來咏唱，音律應該讓聲調協調。八種樂器的聲音協調一致，不發生錯亂侵擾，這樣，神靈和百姓就都可以安寧和睦。』夔說：『啊！我有節奏地敲打起石製的樂器，各類鳥獸都跟隨我的節拍而起舞。』舜說：『龍，我非常忌諱讒言與暴行，這些驚擾了我和我的臣民，我任命你擔任納言的官職，不論早晚，都負責宣讀我的旨意，一定要誠實守信。』舜說：『啊！你們二十二個人，一定要恭謹，無論什麼時候都要盡心竭力地輔佐我做好上天交給我的任務。』從此以後，舜每三年就考核一次大家的政績，考核三次以後，按照政績決定升遷或是罷免。因此，不論是遠處還是近處，各項事業都發展起來。舜還將三苗部族分解開。

這二十二個人都非常成功地做出了業績：皋陶擔任法官，斷案公平，實事求是，百姓都非常信服；伯夷掌管禮儀方面的事情，上上下下都能夠謙恭禮讓；垂管理各個工匠，百工都能做好自己的工作；益擔任虞官管理山澤，山林湖澤都得到了開發利用；棄管理農事，所有的穀物都生長得非常茂盛；契

皋陶

皋陶，與堯、舜、禹同爲『上古四聖』，是舜帝執政時期的士師，相當於國家司法長官。皋陶又是上古時期偉大的政治家、思想家、教育家，被史學界和司法界公認爲『司法鼻祖』。禹根據皋陶的品德和功勞而舉他爲繼承人，并授政於他。但皋陶未繼位即去世。

擔任司徒，百姓親密融洽；龍管理接待賓客，遠方的部族前來歸附；十二個地區的長官出外巡視，九州的百姓不會有躲避和違抗的；這些人中，功績最大的是禹，他開通了九座山脈，并且疏通了九個湖泊，成功地治理了九條江河，還劃定了九州的疆界，各州的百姓都把當地的特産拿出來進貢，沒有違反規定的。疆域方圓有五千里，一直伸延到遙遠的不毛之地。在南方他安撫了交阯、北發，在西方，他安撫了戎、析枝、渠廋、氐、羌，北方他平定了山戎、發、息慎，東方他又治理了長夷、鳥夷，四海之內的百姓，都歌頌帝舜的功德。於是，禹創作《九招》樂曲，用來吸引珍奇的異物，鳳凰飛翔而來。天下的文明德政就是從虞帝時代開始的。

原文

舜年二十以孝聞，年三十堯舉之，年五十攝行天子事，年五十八堯崩，年六十一代堯踐帝位。踐帝位三十九年，南巡狩，崩於蒼梧之野。葬於江南九疑，是爲零陵。舜之踐帝位，載天子旗，往朝父瞽叟，夔夔[1]唯謹，如子道。封弟象爲諸侯。舜子商均亦不肖，舜乃豫[2]薦禹於天。十七年而崩。三年喪畢，禹亦乃讓舜子，如舜讓堯子。諸侯歸之，然後禹踐天子位。堯子丹珠，舜子商均，皆有疆土，以奉先祀。服其服，禮樂如之。以客見天子，天子弗臣，示不敢專也。

自黃帝至舜、禹，皆同姓而異其國號，以章明德。故黃帝爲有熊，帝顓頊爲高陽，帝嚳爲高辛，帝堯爲陶唐，帝舜爲有虞。帝禹爲夏后而別氏，姓姒氏。契爲商，姓子氏。棄爲周，姓姬氏。

太史公[3]曰：學者多稱五帝，尚矣。然《尚書》獨載堯以來；而百家言黃帝，其文不雅馴，薦紳先生難言之。孔子所傳宰予問《五帝

漢書律曆志云：封堯子珠於丹淵爲諸侯。商均封虞，在梁國，今虞城縣也。

太史公據古文并諸子百家論次，擇其言語典雅者，故著爲五帝本紀，在史記百三十篇書之首。

德》及《帝系姓》，儒者或不傳。余嘗西至空桐，北過涿鹿，東漸於海，南浮江淮矣，至長老皆各往往稱黄帝、堯、舜之處，風教固殊焉，總之不離古文者近是。予觀《春秋》、《國語》，其發明《五帝德》、《帝系姓》章矣，顧弟弗深考，其所表見皆不虚。書缺有閒矣，其軼乃時時見於他說。非好學深思，心知其意，固難爲淺見寡聞道也。余并論次，擇其言尤雅者，故著爲本紀書首。

注釋 ①夔夔：和順恭敬的樣子。②豫：通『預』，事先。③太史公：司馬遷的自稱。『太史公曰』以下的文字是司馬遷的論贊。論贊是一篇的結語，其内容或爲發表議論，或爲説明立篇之意，或爲補充史實。

譯文 舜在二十歲的時候他就因爲孝順名聲大噪，三十歲的時候舜被堯重用，五十歲的時候，他代替天子管理政事，五十八歲的時候堯去世，六十一歲，舜繼承了堯的帝位正式執政。舜在帝位三十九年，他常常到南方巡視，最後死在了蒼梧的鄉間，被人們安葬在長江南面的九疑山，也就是零

陵。舜成爲天子以後，他的車子上豎立着天子的旗幟，去朝見他的父親瞽叟，態度非常謙恭順從，仍然保持着做兒子的規矩，沒有任何逾越的行爲。舜封他的弟弟象爲諸侯。舜的兒子商均是個沒有才能的人，於是，舜就在自己死前向天帝推薦了禹。十七年以後，舜去世了。人們爲舜服喪三年，這時，禹把帝位讓給了舜的兒子，就像舜當初將帝位讓給堯的兒子一樣。但是，所有的諸侯都歸順禹，最後，禹在大家的擁護下登上帝位。而對於堯的兒子丹朱，舜的兒子商均，禹允許他們保有自己的封地，并用來供奉他們的祖先。他們的服飾仍然保持着本部族的傳統，禮樂制度也沒有改變。他們在朝見天子的時候以賓客的身份覲見，而天子也不會把他們當臣下對待，以此向天下表明自己不敢獨占天下。

從黄帝到舜、禹，他們都是同姓，不同的衹是國號，他們用這樣的辦法來顯示各人的美德。因此，黄帝號有熊，帝顓頊號高陽，帝嚳號高辛，帝堯號陶唐，帝舜號有虞。禹稱夏后，開始用不同的氏來區别，姓姒氏。商的祖先是契，姓子氏。周的祖先是棄，姓姬氏。

太史公說：在學者中有很多人都在討論五帝，可是五帝距離我們的時代太遥遠了。《尚書》中衹有關於堯之後的一些事迹的記載；而各家講述黄帝事迹的文字也都不典雅。即使是有學問的人也很難說

清楚。孔子傳授的宰予問《五帝德》和《帝系姓》，有些儒生也不傳習。我曾經最西面到達空桐山，去過北面的涿鹿，東面直到海邊，在南面，我還渡過長江、淮河，我所到的地方，常常聽到長老們談論黃帝、堯、舜，而各地的風俗教化又有很大的區別，總體來講，那些和古文的記載不相悖的說法還是比較可信的。我曾經閱讀《春秋》、《國語》，但是能夠闡明《五帝德》、《帝系姓》的地方仍然很模糊，衹是我沒能進行深入的研究，否則，我就不會覺得它們的記述是虛妄了。《尚書》殘缺脫落有很長的時間了，其散佚的部分我常能在別的著作中看到。如果沒有好學深思、心領神會的境界，這些問題我是很難和那些見聞淺薄的人說清楚的。我綜合各家的著述，細致地進行研究編排，我選擇了文辭最爲典雅可靠的，寫成這篇本紀，并作爲本書的首篇。

【賞析】本篇的大多事件雖爲傳說，但從人類歷史發展的規律來看，它爲我們了解和研究遠古社會提供了綫索或信息。中華民族五千年的悠久歷史，就是從遠古傳說開始的，黃帝和炎帝兩個部落融爲一體，在黃河流域定居繁衍，從而形成了華夏民族，創造了我國的遠古文化。

材料安排巧妙是本篇的突出特點。如黃帝與蚩尤的涿鹿之戰、炎黃的阪泉之戰，并非不能重筆描繪，但都平平帶過，而把筆力集中到堯、舜二帝身上。這或許有史料不足的原因，但其效果是突出了黃帝開創，由堯、舜繼承并發揚光大的帝王事業，又使歷史事件與全篇的結構極其和諧。

本篇在敘寫方式上，開頭對黃帝、顓頊、帝嚳的記述，都是用敘述的口吻侃侃道來。到了本篇的中心部分，則又利用了敘、議結合，敘事中穿插對話的方式，突出了堯、舜知人善任，從諫如流的政治家風貌，烘託出爲歷代儒家所日思夜想的自由、民主、君臣和睦的祥和的政治氣氛。

《五帝本紀》在記事上確立了歷史發展的根基，在寫作上爲後面各篇的鋪展埋下了伏筆。司馬遷采用了連鎖敘寫方式，環環相扣。如在寫堯時提到舜，而重在寫堯的知人善任；寫舜時繼續緊扣對堯的敘寫，又突出了對舜的刻畫，同時還帶出了禹、契、后稷等人，爲以後各篇打下基礎。

【集評】【索隱述贊】帝出少典，居於軒丘。既代炎曆，遂禽蚩尤。高陽嗣位，靜深有謀。小大遠近，莫不懷柔。爰洎帝嚳，列聖同休。帝摯之弟，其號放勛。就之如日，望之如雲。郁夷東作，味谷西曛。明揚仄陋，玄德升聞。能讓天下，賢哉二君！

夏本紀

夏者，帝禹封國號也。帝王紀云：『禹受封爲夏伯，在豫州外方之南，今河南陽翟是也。』

題解 《夏本紀》選自《史記》卷二，本紀第二。夏是一個古老的部落，相傳是由包括夏在内的十多個部落聯合發展而來的。夏族的首領禹因治水有功，取得了帝位，并傳位給其子啓，建立了我國歷史上第一個奴隸制王朝。夏朝約存在於公元前二十一世紀至公元前十六世紀。本篇根據《尚書》及有關歷史傳説，系統地叙述了由禹到桀約四百年的歷史，向人們展示了由原始部落聯盟向奴隸制社會過渡時期的政治、經濟、軍事、文化及人民生活等方面的概貌，突出地描寫了夏禹這樣一個功績卓著的遠古部落首領和帝王的形象。

原文 夏禹，名曰文命。禹之父曰鯀，鯀之父曰帝顓頊，顓頊之父曰昌意，昌意之父曰黄帝。禹者，黄帝之玄孫而帝顓頊之孫也。禹之曾大父昌意及父鯀皆不得在帝位，爲人臣。

當帝堯之時，鴻水滔天，浩浩懷山襄陵，下民其憂。堯求能治水者，群臣四嶽皆曰鯀可。堯曰：『鯀爲人負命毁族，不可。』四嶽曰：

夏禹

夏禹，通常尊稱爲大禹，古聖王。大禹治水的故事在民間歷來傳頌不絶。

『等之未有賢於鯀者，願帝試之。』於是堯聽四嶽，用鯀治水。九年而水不息，功用不成。於是帝堯乃求人，更得舜。舜登用，攝行天子之政，巡狩。行視鯀之治水無狀，乃殛①鯀於羽山以死。天下皆以舜之誅爲是。於是舜舉鯀子禹，而使續鯀之業。

堯崩，帝舜問四嶽曰：『有能成美堯之事者使居官？』皆曰：『伯禹爲司空，可成美堯之功。』舜曰：『嗟，然！』命禹：『女平水土，維是勉之。』禹拜稽首，讓於契、后稷、皋陶。舜曰：『女其往視爾事矣。』

言禹聲音應鍾律。

禹爲人敏給克勤；其德不違，其仁可親，其言可信；聲爲律，身爲度，稱以出；亹亹穆穆，爲綱爲紀。

注釋 ①殛：通『極』，流放遠方。

譯文 夏禹，名文命。他的父親叫鯀，鯀的父親是帝顓頊，顓頊的父親是昌意，昌意的父親就是黄帝。禹是黄帝的玄孫，顓頊的孫子。禹的曾祖父昌意和他的父親鯀都沒能登上帝位，衹是做了臣子。

當堯做皇帝的時候，洪水滾滾，浩浩蕩蕩地包圍了山川，淹沒了丘陵，老百姓整天都被洪水困擾着。堯就召集大臣，想要找到可以治理洪水的人，群臣、四嶽都認爲鯀能夠勝任。堯卻說：『鯀違抗命令，禍害同族的人，不能夠任用。』四嶽認爲：『這一輩的人中鯀是最有才能的了，懇請陛下給他一次機會。』最後，堯接受了四嶽的意見，任用鯀治理洪水。鯀花費了九年的時間治理洪水，卻始終沒有平定水患，沒有取得任何成績。於是帝堯就另外尋找人才，并因此發現了有德行的舜。堯任用了舜，讓他代替天子治理國家，并讓他按時到各個諸侯的疆土上去巡行視察。舜在巡行的時候發現鯀對治水這件事一點不負責，於是，舜在羽山海邊誅殺了鯀。天下的百姓都認爲舜的做法是正確的。這個時候

舜又提拔鯀的兒子禹，讓他接替他父親的職位，繼續治水。

堯駕崩以後，帝舜問四嶽：『有誰能夠更好地完成堯的事業，并擔任官職呢？』大家都說：『假如讓伯禹擔任司空的職位，他一定可以順利完成堯的勛業。』帝舜說：『好吧，就這樣吧！』於是，舜找來禹，并對他說：『我現在派你去平定水土，你一定要好好地幹。』禹下跪叩頭，并謙讓地把這個重任推讓給契、后稷、皋陶等人。舜說：『你不要推讓了，還是你負責這個任務吧。』

禹這個人，辦事迅速又勤奮；他的品德端正，仁愛寬容讓人親近，他的話誠實可信；他說話的聲音和諧動聽，行爲舉止從容而有禮，他完全可以成爲人們學習的標準，重要的規範準則都能從他的身上得出；禹勤勉肅敬，他的行爲標準可以作爲人們共同遵守的綱紀。

原文 禹乃遂與益、后稷奉帝命，命諸侯百姓興人徒以傅①土，行山表木，定高山大川。禹傷先人父鯀功之不成受誅，乃勞身焦思，居外十三年，過家門不敢入。薄衣食，致孝於鬼神。卑宮室，致費於溝淢。陸行乘車，水行乘船，泥行乘橇，山行乘檋。左準繩，右規矩，載四

孔安國曰：『堯所都也。先施貢賦役載於書也。』

時，以開九州，通九道，陂九澤，度九山。令益予衆庶稻，可種卑濕。命后稷予衆庶難得之食。食少，調有餘相給，以均諸侯。禹乃行相地宜所有以貢，及山川之便利。

注釋 ①傅：《尚書》作『敷』，是分的意思，指分治九州土地。一説傅，即『付』，指付出功役。

譯文 禹於是和伯益、后稷一道尊奉帝舜的命令，他們讓諸侯百官召集民夫開始大規模整治水土，根據山的高低起伏做好標志，從而來確定高山大川。禹爲父親鯀治水無功而被殺這件事很難過，因此，他日夜勞累，不斷思考，在外奔波十三年，即使路過自己的家門也沒時間進去。禹的吃穿非常簡樸，但是他對祖先神明的祭祀所用卻很豐厚。禹住在簡陋的房子中，但是他不吝惜耗費巨資用於修渠挖溝。他在陸地行走的時候坐車，走水路就坐船，走泥地的時候坐橇，走山路就穿上屐底有齒的鞋。禹隨身帶着的東西就是用來測定平直的水準與繩墨、畫定圖式的圓規與方矩，什麽時候都帶着，用來從事開劃九州，開辟九州的道路，治理九州的堤障湖澤，計量九州的山嶽脈絡的工作。禹還讓伯益發放稻種，

教導群衆在卑濕的地方種植。禹讓后稷在百姓很難得到食物的時候發給他們食物。在缺少糧食的地方，禹就從糧食充足的地方調來進行補充，保證了各個諸侯境内糧食豐歉都比較平衡。禹還巡視各地特有的物産，并根據情況定下各地要上交的貢物，禹還巡視了各地高山大河的情況。

鄭玄曰：『兩河間曰冀州。』

原文 禹行自冀州始。冀州，既載壺口，治梁及岐①。既脩太原，至於嶽陽。覃懷致功，至於衡漳。其土白壤。賦上上錯，田中中，常、衛既從，大陸既爲。鳥夷②皮服。夾右碣石，入於海。

濟、河維沇州：九河既道③，雷夏既澤，雍、沮會同，桑土既蠶，於是民得下丘居土。其土黑墳，草繇木條。田中下，賦貞，作十有三年乃同。其貢漆絲，其篚織文。浮於濟、漯，通於河。

海岱維青州：堣夷既略，濰、淄其道。其土白墳，海濱廣潟，厥田斥鹵。田上下，賦中上。厥貢鹽絺，海物維錯，岱畎絲、枲、鉛、松、怪石，萊夷爲牧，其篚酓絲。浮於汶，通於濟。

鄭玄曰：『地理志沂水出泰山蓋縣。蒙，羽，二山名。』

孔安國曰：『北據荆山，南及衡山之陽。』

孔安國曰：『西距黑水，東據河。龍門之河在冀州西。』

海岱及淮維徐州：淮、沂其治，蒙、羽其蓺。大野既都④，東原厎平。其土赤埴墳，草木漸包。其田上中，賦中中。貢維土五色，羽畎夏狄⑤，嶧陽孤桐，泗濱浮磬，淮夷蠙珠臮⑥魚，其篚玄纖縞。浮於淮、泗，通於河。

淮海維揚州：彭蠡既都，陽鳥所居。三江既入，震澤致定。竹箭既布。其草惟夭，其木惟喬，其土塗泥。田下下，賦下上上雜。貢金三品，瑤、琨、竹箭，齒、革、羽、旄，島夷卉服，其篚織貝，其包橘、柚錫貢。均江海，通淮、泗。

荆及衡陽維荆州：江、漢朝宗於海。九江甚中，沱、涔已道，雲土、夢爲治。其土塗泥。田下中，賦上下。貢羽、旄、齒、革，金三品，杶、榦、栝、柏，礪、砥、砮、丹，維箘簵、楛，三國致貢其名，包匭菁茅，其篚玄纁璣組，九江入賜大龜。浮於江、沱、涔、漢，逾

於雒，至於南河。

荆河惟⑦豫州：伊、雒、瀍、澗既入於河，滎播既都，道荷澤，被⑧明都。其土壤，下土墳壚。田中上，賦雜上中。貢漆、絲、絺、紵，其篚纖絮，錫貢磬錯。浮於雒，達於河。

華陽黑水惟梁州：汶、嶓既蓺，沱、涔既道，蔡、蒙旅平，和夷厎績。其土青驪。田下上，賦下中三錯。貢璆、鐵、銀、鏤、砮、磬，熊、羆、狐、貍、織皮。西傾因桓是來，浮於潛，逾於沔，入於渭，亂於河。

黑水西河惟雍州：弱水既西，涇屬渭汭。漆、沮既從，灃水所同。荆、岐已旅，終南、敦物至於鳥鼠。原隰厎績，至於都野。三危既度⑨，三苗大序。其土黃壤。田上上，賦中下。貢璆、琳、琅玕。浮於積石，至於龍門西河，會於渭汭。織皮昆侖、析支、渠搜，西戎即序。

注釋 ①岐：通「歧」，分岔，指梁山的支脈。②鳥夷：古族名。分布在中國東部沿海及海域中的島嶼上。③道：同「導」，疏通。④都：通「瀦」，水停聚的地方。⑤狄：通「翟」，長尾野鷄。⑥曁：古「暨」字，及，與。⑦惟：通「維」。⑧被：同「陂」，指築堤防。⑨度：同「宅」，可居住。

譯文 從冀州開始，禹督導治水。在冀州，治理好了壺口，然後又治理了梁山和岐山。在脩整了太原以後，又脩整了嶽陽等地。覃懷地區脩整好，就脩整到衡水、漳水一帶。這些地方的土壤是白壤。賦稅爲第一等，但是，隨年的豐歉雜出被排在第二等，田地排在第五等。常水和衛水的河道也都疏通流暢了，大陸澤附近的土地可以用於耕作。東北的鳥夷族向禹進貢了製作貴族服裝所用的珍奇異獸的皮毛。他們從海路入貢，看到右面拐角的碣石以後便向西航行，一直行駛到黃河航道。

濟水與黃河之間是沇州：黃河下游的九條河道都已經疏導通暢了，雷夏窪地也已經匯聚成湖澤，雍水和沮水最後都流到雷夏澤中，能種桑的土地開始養蠶，人民從躲避洪水的高地搬到平地生活。這些地方的土壤是黑墳，地上長着茂盛的長林豐草。田地被排在第六等，而賦稅則排在第九等。這個地方經過十三年的耕作，終於趕上其他各地。這裏的貢物是漆和絲，還有裝在筐子中進貢的有美麗紋彩的絲織品。人們將貢品裝上船經過濟水、漯水，一直到黃河。

大海到泰山之間是青州：這個地區的堣夷被治理好以後，濰水和淄水得到了疏通。這一州的土壤是白墳，土質白而且肥沃，海濱一帶寬廣富含碱，田地多是鹽碱地。田地被列爲第三等，賦稅則被列爲第四等。這裏的貢物是鹽、精細的葛布、海產品，還有泰山山谷裏出產的絲、麻、鉛、松、怪異的石頭，萊夷地區可以放牧，因此那裏進貢畜牧產品，還有裝在筐子中的山桑蠶絲。這裏的進貢道路是先用船運到汶水，再進濟水。

大海、泰山到淮水之間是徐州：淮水和沂水已經被治理好，

下車泣罪

傳說禹繼承帝位後，一次外出巡行，遇到一個在押的罪犯，他下車問明情況後，竟哭泣起來。禹說：「堯、舜在位的時候，沒有作奸犯科的，如今我在位，卻出現了這種犯罪的人，這豈不是說明現在的政治不如以前清明了嗎？」

蒙山、羽山這些地方也可以種植穀物了。大野澤地區已經匯積成湖，東原地區的水潦已經平復，土地平整。這裏的土地是赤埴墳，土質紅色，富有粘性而且肥沃，上面生長的草木繁盛。田地排在第二等，賦稅爲第五等。這裏的貢物是五色土、羽山谷中所出產的五色雉羽、嶧山南面出産的製琴的良材孤生桐、泗水海濱的浮磐石、淮夷族貢獻的珍珠貝及各種漁產，還有用筐裝的赤黑色細繒和白色綢帛。這裏的進貢道路是由淮水乘船將貢品運入泗水，再由菏水進入濟水通往黃河。

淮河與大海之間是揚州：彭蠡地區已經匯集成湖，成爲鴻雁南飛時的休息之地。彭蠡以東的三江已經流入大海，太湖水域也治理安定了。遍地生長着茂密的竹林。隨處可見繁茂的青草、葱翠的喬木，這裏的土壤是塗泥。田地排在第九等，賦稅則列在第七等，有時列爲第六等。這裏的貢物是三種成色的銅，瑤、琨等美玉和寶石，竹箭、象牙、鳥獸的皮革、珍禽的羽毛、旄牛的尾巴，島夷族貢獻的一種稱爲『卉服』的細葛布，還有用筐子裝着的用來進貢的絢麗的貝錦和根據朝廷命令包好的橘子、柚子。這裏的進貢道路是沿着江路入海，通淮水和泗水，然後沿徐州貢道進入黃河。

荆山和衡山的南面是荆州：長江、漢水到這裏匯合，最後流入大海。長江的很多支流有了固定的河道，

沱、涔等河流也已經被疏浚通暢，雲夢澤水域也得到了治理。這裏土壤是塗泥。田地列爲第八等，賦稅排在第三等。這裏的貢物是珍禽的羽毛、旄牛的牛尾、象牙、異獸的皮革，三種成色的銅，椿木、柘木、檜木、柏木，精、粗兩種磨刀石，可做箭頭的砮石、朱砂，可做箭杆的竹子簵簬和楛木，漢水附近三個諸侯國進貢的特產，以及捆扎起來專供宗廟縮酒使用的菁茅。還有用筐子裝着進貢的赤黑色和黃赤色的絲織物，還有用佩玉作爲裝飾的有璣珠的稱爲『璣組』的綬帶，更有九江進貢的大龜。這裏的進貢道路是用船裝好貢物經長江及沱水、涔水等運到漢水，然後經過陸路運到雒水，最後進入冀州以南的黃河。

在荆山和黃河之間的是豫州：伊水、雒水、瀍水、澗水都已被疏通并流入黃河，滎播那裏泛濫的水也被治理得匯積成爲湖，當水豐沛的時候，疏導菏澤的水向南面流入明都澤。這個地方的土壤是無塊柔土，地勢低的地方是墳壚。田地被排在第四等，而賦稅則排在第二等，有的時候也會上下浮動。這個地方的貢物是漆、絲、精細葛布，還有裝在筐子中的細絲綿，另外還有磨磬的礪石。這些貢物在雒水裝船以後進入黃河航道。

華山的南面與黑水之間就是梁州：汶山已經可以耕種了，江漢兩水的支流沱、涔等都已經被疏浚，

蔡山與蒙山上的山道也都整頓規整了，對西南夷民的安定也取得了成績。這地方的土壤是青驪。在田地中排在第七等，而賦稅則排在第八等，有時還會上下浮動。這裏的貢物有美玉、鐵、銀、鏤鋼、砮、磬石，以及熊、羆、狐、狸，以及用各種鳥獸的毛織成的毳布和用來製裘的獸皮。這些貢品先乘船經由支津潛水到沔水，上岸後再由陸路運到渭水，到達渭水，人們過黃河送到冀州。

黑水與黃河西岸之間是雍州：弱水西流，涇水也匯入渭水的隈灣，漆水與沮水合爲漆沮水相繼匯入渭水，灃水同樣跟着注入渭水。渭水的北面，東面從荆山開始，西面一直到岐山的蜿蜒的山道都被治理好了；渭水的南面，往東到終南山，西面越過敦物山，再向西北一直到渭源鳥鼠山，從平原到高地，一直到千里沃野，道路的平治都已經竣工，甚至到了野澤那樣肥沃的湖沼地區也治理好了。三危山可以居住了，遷居到這裏的三苗人民的生活也漸漸安定。這裏的土質肥沃色黃。田地排在第一等，而賦稅是第六等。這裏的貢物有稱爲璆的美玉、青碧色的琳玉和玉質美石。這些貢物從積石山下的黃河水裝船，航行千里，一直到達龍門山下的黃河，然後向南和渭水航道匯合，最後進入渭水入河處。西邊的昆侖、析支、渠搜三個西戎族的人民也歸於和順了。

鄭玄曰：『地理志汧在右扶風也。』

原文

道九山：汧及岐至於荆山，逾於河；壺口、雷首至於太嶽；砥柱、析城至於王屋；太行、常山至於碣石，入於海；西傾、朱圉、鳥鼠至於太華；熊耳、外方、桐柏至於負尾；道嶓冢，至於荆山；內方至於大別；汶山之陽至衡山；過九江，至於敷淺原。

道九川：弱水至於合黎，餘波入於流沙。道黑水，至於三危，入於南海。道河積石，至於龍門，南至華陰，東至砥柱，又東至於盟津，東過雒汭，至於大邳，北過降水，至於大陸，北播爲九河，同爲逆河，入於海。嶓冢道瀁，東流爲漢，又東爲蒼浪之水，過三澨，入於大別，南入於江，東匯澤爲彭蠡，東爲北江，入於海。汶山道江，東別爲沱，又東至於醴，過九江，至於東陵，東迤北會於匯，東爲中江，入於海。道沇水，東爲濟，入於河，泆①爲滎，東出陶丘北，又東至於荷，又東北會於汶，又東北入於海。道淮自桐柏，東會於泗、沂，東入於海。道

孔安國曰：『四方之宅已可居也。』

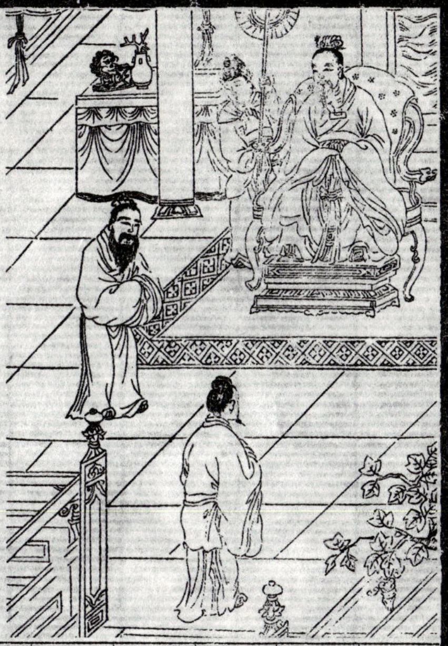

君臣惕益

堯時洪水泛濫，堯先讓鯀治水，鯀不成而用禹，終於完成治水大業。

渭自鳥鼠同穴，東會於灃，又東北至於涇，東過漆、沮，入於河。道雒自熊耳，東北會於澗、瀍，又東會於伊，東北入於河。

於是九州脩同，四奥②既居，九山刊旅，九川滌原③，九澤既陂，四海會同。六府甚脩，眾土交正，致愼財賦，咸則三壤成賦。中國賜土姓：『祗臺④德先，不距⑤朕行。』

注釋 ①泆：同『溢』。②四奥：四方之內。奥，同『墺』，四方可定居之地。③滌原：疏通水源。原，同『源』。④臺：同『以』。⑤距：同『拒』，違抗，違背。

譯文 禹開通了九座山脈的道路：一條沿着渭水的北岸，

從汧山和岐山直至黃河西岸的荆山，跨過黃河；一條從壺口山，經過雷首山，一直到太嶽山；一條從砥柱山、析城山，一直到王屋山；一條從太行山、常山，一直到碣石山，進入海中和水路相連；一條從西傾山，經過朱圉山、鳥鼠山，一直到太華山；一條從熊耳山、外方山、桐柏山，一直到負尾山；一條從嶓冢山一直開到荆山；一條從內方山開到大別山；一條從汶山的南面開到衡山；一條跨過九江，直到敷淺源。

禹又疏導了九條大河：將弱水疏導至合黎，并使弱水的下游沒入沙漠。疏導了黑水，經過三危山，最後注入南海。疏通黃河，流過積石山，一直到龍門，再向南流到華山北面，向東流過砥柱，再往東直到盟津，繼續向東過雒水入河口，直到大邳山，然後折向北面流去，在經過降水的入河處以後，向前流注入了大陸澤，流經此處，再向北分出九條河，這九條河流到下游又成爲一條，稱爲逆河，最後匯入海。禹從嶓冢山開始疏導漾水，向東流是漢水，再向東流是蒼浪水，經過三澨水，最後進入大別山，向南則注入長江，再往東和彭蠡澤之水會合，繼續向東爲北江，最後注入大海。從汶山開始疏導長江水，向東分出支流即爲沱水，江水的主河道再向東到達醴水，然後經過九江，直到東陵，從東陵向東，逶迤北流，和彭蠡澤匯合，繼續向東稱爲中江，最後流入大海。疏導沇水，向東流就是濟水，流入黃河，兩條水相遇，向南溢出滎澤，再從滎澤向東到陶丘北，繼續向東和菏水相會後，轉而向東北流，然後和經過的汶水匯合，之後一直向東北流入大海。從桐柏山開始疏導淮水，向東流去，與泗水和沂水匯合，繼續向東流就注入大海。從鳥鼠同穴山開始疏導渭水，向東流和灃水匯合，然後又向東北流，一直到涇水，繼續向東流經過漆沮水進入黃河。疏導雒水，從熊耳山開始，向東北流，和澗水、瀍水匯合，又向東流與伊水匯合，再向東北流最後注入黃河。

這個時候，九州統一，治理完好，四境之內都可以居住，九州的山脈都用刊木表識，道路順暢，九州的水都已經疏通，九州之內低窪的沼澤之地也都被脩築堤防形成湖泊，四海之內的諸侯都可以到京城覲見了。金、木、水、火、土、穀六庫的物資管理得很好，所有的領土都能按照規定徵收賦稅，官員們謹慎地收取稅收，賦稅都是按照土壤的三個等級來徵收的。帝舜賞給禹天下的土地，并賜給他姓氏：『將敬脩德業放在最前面，不要違背我一貫的作風。』

原文 令天子之國以外五百里甸服：百里賦納總，二百里納銍，三百里納秸服，四百里粟，五百里米。甸服外五百里侯服：百里采，二百里任國，三百里諸侯。侯服外五百里綏服：三百里揆文教，二百里奮武衛。綏服外五百里要服：三百里夷，二百里蔡。要服外五百里荒服：三百里蠻，二百里流。

孔安國曰：『爲天子服治田，去王城面五百里內。』

東漸於海，西被於流沙，朔、南暨：聲教訖①於四海。於是帝錫禹玄圭，以告成功於天下。天下於是太平治。

注釋 ①訖：同『迄』。

譯文 規定在天子國都之外五百里的地方稱爲甸服：距離國都一百里以內的地方要繳納帶着秸穗的整捆的禾，二百里以內的地方要繳納禾穗，三百里以內的地方要繳納去掉秸芒的穗，四百里以內的地方要繳納穀粒，五百里以內的地方要繳納米粒。甸服之外五百里以內的地方稱爲侯服：近一百里以內的地方爲采地，二百里以內的地方爲男爵地，其餘三百里的地方爲諸侯。侯服之外五百里以內的地方稱爲綏服：其中三百里以內的地方宣揚文教，以外二百里的地方努力發展國防。綏服以外五百里的

孔安國曰：『言其人有德，必言其所行事，因事以爲驗。』

孔安國曰：『鳥獸新殺曰鮮。』

地方稱爲要服，其中以內三百里的地方爲夷族生活的區域，以外二百里的地方安置被判處蔡刑的罪犯。要服之外五百里的地方稱爲荒服：其中以內三百里的地方爲蠻族生活的區域，以外二百里的地方安置被判處流放之刑的罪犯。

這樣，國土的東面到達大海，西面到達沙漠，從北方到南方，可以到達的地方都是國土：華夏的聲威教化傳遍四海。於是，帝舜賞給禹一個玄圭，用來向全天下宣布治理的成功。天下從此太平安定了。

【原文】臯陶作士以理民。帝舜朝，禹、伯夷、臯陶相與語帝前。臯陶述其謀曰：『信其道德，謀明輔和。』禹曰：『然，如何？』臯陶曰：『於！愼其身脩，思長，敦序九族，衆明高翼，近可遠在已。』禹拜美言，曰：『然。』臯陶曰：『於！在知人，在安民。』禹曰：『吁！皆若是，惟①帝其難之。知人則智，能官人；能安民則惠，黎民懷之。能知能惠，何憂乎驩兜，何遷乎有苗，何畏乎巧言善色佞人？』臯陶曰：『然，於！亦②行有九德，亦言其有德。』乃言曰：『始事事，寬

而栗，柔而立，願而共③，治而敬，擾而毅，直而溫，簡而廉，剛而實，強而義，章其有常，吉哉。日宣三德，蚤④夜翊明有家。日嚴振敬六德，亮采有國。翕受普施，九德咸事，俊乂在官，百吏肅謹。毋教邪淫奇謀。非其人居其官，是謂亂天事。天討有罪，五刑五用哉。吾言底可行乎？』禹曰：『女言致可績行。』臯陶曰：『余未有知，思贊道哉。』

帝舜謂禹曰：『女亦昌言。』禹拜曰：『於，予何言！予思日孳孳⑤。』臯陶難禹曰：『何謂孳孳？』禹曰：『鴻水滔天，浩浩懷山襄陵，下民皆服⑥於水。予陸行乘車，水行乘舟，泥行乘橇，山行乘檋，行山刊木。與益予衆庶稻鮮食。以決九川致四海，浚畎澮致之川。與稷予衆庶難得之食。食少，調有餘補不足，徙居。衆民乃定，萬國爲治。』臯陶曰：『然，此而美也。』

揭器求言

禹即了帝位，深恐阻塞言路，下情不達，遂想方設法疏通言路，在宫前懸挂了鐘、鼓、磬、鐸、鞀五樣樂器，并告示天下，以請仁人志士提出好建議、好方法來管理國家。

注釋 ①惟：通『雖』，即使。②亦：通『迹』，檢驗。③共：同『恭』。④蚤：通『早』。⑤孳孳：同『孜孜』，勤勉不懈的樣子。⑥服：通『遍』，威脅。

譯文 皋陶擔任審理刑獄的長官從而管理人民。帝舜在朝廷接受大臣的朝見，禹、伯夷、皋陶爭相到帝舜面前說話。皋陶講述他的主張說：『啊，要謹慎地注意脩身，提出長遠的計劃，團結臣下，一起輔佐天子。』禹說：『正是這樣，但是該怎麼做呢？』皋陶說：『啊！要謹慎地脩養品德，多從長遠考慮，仁慈地團結各個氏族，多舉薦賢明的輔佐之臣，讓清明的政治漸漸地由近及遠。』禹很欣賞這樣的好見解，說：『對。』皋陶又說：『啊！這完全在於要善於發現賢人，能夠安定百姓。』禹說：『唉！如果眞的要做到這樣，衹怕連堯帝也感到

是一件非常不容易的事。知人就要有可以知人的智慧，可以賞識提拔這樣的人出任官職；能夠安定百姓就要讓人民得到實惠，這樣百姓才會心懷感激。能夠做到知人善任，又可以施惠於百姓，還怕什麼驩兜的作亂，還需要流放什麼三苗，還畏懼什麼花言巧語、察言觀色、阿諛奉承的壞人？』皋陶說：『是啊，哎！檢查一個人的行爲可以看他的九種品德，聽他的言論也要看他的品德。』於是列舉說道：『開始要從一個人的行事來查看，寬厚而又嚴肅，柔和而又獨立，誠實而又恭敬，有才能又謹慎，和順又果毅，正直又溫良，簡率但又有原則，剛勁又踏實，強直又有義氣，這些品德能夠彰顯人的德行，經常這樣做的，那就好了。每天宣揚三種品德，從早到晚都可以勤勉地遵行，就可以治理好你的家。每天抓緊做到其中的六種，并用來治理國家，就可以保有你的國家。能全部擁有這九種品德并普遍施行，就可以讓具有品德的人獲得官職，賢能的人可以任職，所有官吏都肅敬恭謹。不讓邪淫和施陰謀詭計的人得逞。如果一個人在不合適的職位上，這就是所謂的亂天事。上天要討伐那些有罪的人，就按照五刑分別執行。我說的這些話可以成功地實行嗎？』禹說：『你說的話完全可以成功地實行。』皋陶說：『我沒有智能，衹是思考治國之道罷了。』

鄭玄曰：『安汝之所止，無妄動，動則擾民。』

帝舜對禹說：『你也說一下你的好意見吧。』禹恭敬地給舜行了拜禮，說道：『啊，我該說什麼呢？每天，我衹想着勤勤懇懇地做好自己的工作。』皋陶追問禹說：『什麼才是勤懇努力呢？』禹回答說：『洪水滔天，浩浩蕩蕩，就要淹沒高山，侵入丘陵，天下的百姓正遭受着洪水的威脅。我在陸地上行走乘車，在水上乘船，在泥地中乘木橇，走山路的時候穿着屐底有齒的鞋，翻山越嶺的時候樹立木樁，在山上做好標志。我和益爲老百姓送去稻糧和新鮮的肉食。我疏導了九條大河，把他們引入大海，我還把田間溝渠疏浚好，并引入河道。我和稷給那些吃糧困難的民衆送去糧食。食物匱乏的時候，我們就從糧食多的地方調送糧食到欠缺的地方，或者讓百姓遷到糧食充足的地方生活。於是，民衆便安定下來，各諸侯國也治理好了。』皋陶說：『是呀，這些都是你的美好的功績。』

原文 禹曰：『於，帝！慎乃在位，安爾止。輔德，天下大應。清意以昭待上帝命，天其重命用休。』帝曰：『吁，臣哉，臣哉！臣作朕股肱耳目。予欲左右有民，女輔之。余欲觀古人之象，日月星辰，作文繡服色，女明之。予欲聞六律五聲八音，來始滑，以出入五言，女聽。予即辟，女匡拂①予。女無面諛，退而謗予。敬四輔臣。諸衆讒嬖臣，君德誠施皆清矣。』禹曰：『然。帝即不時，布同善惡則毋功。』

帝曰：『毋若丹朱傲，維②慢游是好，毋水行舟，朋淫於家，用絕其世。予不能順是。』禹曰：『予娶塗山，辛壬癸甲，生啓予不子，以故能成水土功。輔成五服，至於五千里，州十二師，外薄四海，咸建五長，各道有功。苗頑不即功，帝其念哉。』帝曰：『道吾德，乃女功序之也。』

皋陶於是敬禹之德，令民皆則禹。不如言，刑從之。舜德大明。

注釋 ①拂：通『弼』，與『匡』同義。②維：通『唯』，衹。

譯文 禹又對舜說：『啊，帝！您在帝位上一定要小心謹慎！您要安於您能夠做到的。用德治輔佐您的治理，這樣，天下的百姓都會擁護您。讓您的意志清醒，奉行天帝的命令，上天就一定會給您降下祥瑞。』帝舜說：『啊，大臣啊，大臣啊！臣子應該作爲我的手足耳目。我想幫助天下的百姓，你們一定要輔助我完成這個大業。我想要觀察古人衣服上的圖像，把日、月、星、辰等圖案綉到衣服上，你們一定要明確各個等級。我要諦聽六律、五聲、八音、等各種樂律，從而來判定各地的政教，你們一定要幫助我辨明。如果我有錯誤的地方，你們一定要直言匡正輔助我。你們不要當面阿諛奉承我，私底下又誹謗我。我敬重前後左右輔佐我的大臣。衹要我能夠正直地施行德政，那些喜歡進讒言邀寵幸的邪惡壞人就自然被清除了。』禹回答說：『太對了。如果您不是這樣，那麼賢愚善惡的人就共同存在，那麼您就不會在治國上取得成績了。』

帝舜說：『不要像丹朱那樣桀驁不馴，衹喜歡散漫放蕩，河中沒有水也要行船，在家裏招來淫亂的朋友，結果因爲自己的行爲令自己的世系斷絕了。我決不能像他那樣。』禹說：『我娶了塗山氏的女兒做妻子，新婚四天我就離開家，生了兒子啓我也沒有回家養育兒子，因此，我才能成功地治理洪水。我輔佐您創立了五服，并讓疆域達到五千里，在每個州內劃定十二個師，在外面則將疆域擴展到四方荒涼的地方，每五個諸侯設立一個首領，讓他們能夠按照各自的方法取得成績。最後，衹有苗民頑固，沒有做出功績，陛下您一定要記着這件事。』帝舜說：『我用德治來管理，你用你的方法，就一定會讓

他們歸順。』

皋陶於是對禹的品德更加尊敬，他命令百姓都以禹的做法作爲準則。如果不聽從，就對那些人處以刑罰。這樣一來，舜的德業就越來越昌明了。

【原文】於是夔行樂，祖考至，群后相讓，鳥獸翔舞，簫韶九成，鳳皇來儀，百獸率舞，百官信諧。帝用此作歌曰：『陟天之命，維時維幾。』乃歌曰：『股肱喜哉，元首起哉，百工熙哉！』皋陶拜手稽首揚言曰：『念哉，率爲興事，慎乃憲，敬哉！』乃更爲歌曰：『元首明哉，股肱良哉，庶事康哉！』又歌曰：『元首叢脞哉，股肱惰哉，萬事墮哉！』帝拜曰：『然，往欽哉！』於是天下皆宗禹之明度數聲樂，爲山川神主。

帝舜薦禹於天，爲嗣。十七年而帝舜崩。三年喪畢，禹辭辟①舜之子商均於陽城。天下諸侯皆去商均而朝禹。禹於是遂即天子位，南

孔安國曰：『簫韶，舜樂名。備樂九奏而致鳳皇也。』

面朝天下，國號曰夏后，姓姒氏。

帝禹立而舉皋陶薦之，且授政焉，而皋陶卒。封皋陶之後於英、六，或在許。而後舉益，任之政。

注釋 ①辟：同『避』。

譯文 這個時候，樂官夔開始演奏樂曲，祖先的神靈全部降臨，前來的諸侯都互相禮讓，鳥獸翩翩飛舞。等到演奏《簫韶》大樂章的時候，鳳凰也儀態萬方地飛來，百獸相率跳起舞，百官們也都協調一致。帝舜因此作歌道：『奉行天命，實行德政，順應天時，謹微慎行。』接着舜又唱道：『大臣們高興啊，元首們努力啊，百官事業興盛啊！』皋陶拜手叩頭大聲說：『一定要記得呀，您要帶頭做好功業，謹慎地對待您的法令，一定要誠敬啊！』舜接着唱道：『元首聖明，大臣賢良，所有的事情才能興旺。』舜還唱道：『元首沒有遠大的志向，大臣們就會怠惰，所有的事情都會墮落！』帝舜最後拜手說道：『是啊，都去吧，好好努力吧！』這時，天下的諸侯都認爲禹的聖明可以昌明度數和聲音樂律，并尊奉他爲山脈河流百神的共主。

夏啓

夏啓是中國歷史上由『禪讓制』變爲『世襲制』的第一人。

帝舜向上天推薦禹，讓他繼承自己的帝位。十七年以後，帝舜駕崩。人們爲他服了三年的喪，禹推辭不繼承帝位，將天子之位讓給舜的兒子商均，自己跑到陽城躲了起來。但是，天下的諸侯都不去朝見商均而去朝拜禹，於是，禹繼承天子之位，面向南面管理天下，國號爲夏后，姓姒氏。

禹即位爲天子以後，他就向上天薦舉皋陶，并授予皋陶政事，但是皋陶不久就死了。禹就封皋陶的後代在英、六等國，還有封在許國的。之後，禹提拔皋陶的兒子益，讓他處理政事。

原文 十年，帝禹東巡狩，至於會稽而崩。以天下授益。三年之喪畢，益讓帝禹之子啓，而辟居箕山之陽。禹子啓賢，天下屬意焉。及禹崩，雖授益，益之佐禹日

按：陰即陽城也。括地志云：『陽城縣在箕山北十三里。』又恐『箕』字誤，本是『嵩』字，二字相似。其陽城縣在嵩山南二十三里，則爲嵩山之陽也。

淺，天下未洽。故諸侯皆去益而朝啓，曰『吾君帝禹之子也』。於是啓遂即天子之位，是爲夏后帝啓。

夏后帝啓，禹之子，其母塗山氏之女也。

有扈氏不服，啓伐之，大戰於甘。將戰，作《甘誓》，乃召六卿申之。啓曰：『嗟！六事之人，予誓告女：有扈氏威侮五行，怠棄三正，天用剿絶其命。今予維共行天之罰。左不攻於左，右不攻於右，女不共命。御非其馬之政，女不共命。用命，賞於祖；不用命，僇於社，予則帑僇[1]女。』遂滅有扈氏。天下咸朝。

夏后帝啓崩，子帝太康立。帝太康失國，昆弟五人，須於洛汭，作《五子之歌》。

太康崩，弟中康立，是爲帝中康。帝中康時，羲、和湎淫，廢時亂日。胤往征之，作《胤征》。

啓母塗山

大禹娶塗山氏的女兒做妻子，生下了啓。大禹忙於治水，三過家門而不入。塗山一人在家教育兒子，終於將啓培養成人。

注釋 ①僇：通『戮』，殺。

譯文 在位第十年的時候，帝禹到東邊巡視，他到了會稽的時候死去，臨死前他把天下交給了益。人們爲禹服了三年喪，益將帝位讓給帝禹的兒子啓，自己躲到箕山的南面。禹的兒子啓很賢良，天下的百姓都希望他可以做天子。等到禹死去的時候，禹雖然把天下給了益，但是，益輔佐禹的時間還很短，沒能得到天下的信服。所以天下的諸侯都離開益而去朝見啓，并說：『這是我君王帝禹的兒子。』於是，啓就繼承了天子的位置，這就是夏后帝啓。

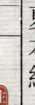

夏后帝啓，是夏禹的兒子，他的母親是塗山氏的女兒。

有扈氏是一個東方的部族，他們不服從啓的管理，啓就帶兵討伐他們，在一個叫甘的地方大戰。開戰前，啓作誓師詞

《甘誓》，并召集左右六大臣前來訓誡。啓說：『啊！六軍的將領們，我將誓詞告訴你們：有扈氏蔑視仁、義、禮、智、信五種德行，背離天、地、人三種正道，上天要斷絕他們的國命。現在我恭敬地奉行上天對他們的這種懲罰。所有戰車左邊的戰士如果不能完成戰車左邊的任務，戰車右邊的戰士如果不能完成戰車右邊的戰鬥任務，你們就是不執行命令；駕馭戰車的戰士如果無法勝任而貽誤了戰鬥的任務，也是不執行命令。努力執行命令的，就在祖廟裏給他們獎賞；不努力執行命令的，就在社壇裏把他們殺掉，而且連他們的家屬也會被殺掉，或者淪爲奴隸。』就這樣，啓消滅了有扈氏，天下諸侯都來朝見啓。

夏后帝啓駕崩，他的兒子帝太康繼位。帝太康因爲沉迷玩樂失掉國家，他的五個兄弟逃到洛汭等待太康到來，并寫下了《五子之歌》。

太康駕崩以後，他的弟弟中康繼位，就是帝中康。帝中康的時候，掌管天地四時的官員羲氏與和氏沉湎酒色，玩忽職守，把每年的四季和日子都搞亂了。大臣胤奉命前往征討他們，并寫下了《胤征》。

原文

中康崩，子帝相立。帝相崩，子帝少康立①。帝少康崩，子帝予立。帝予崩，子帝槐立。帝槐崩，子帝芒立。帝芒崩，子帝泄立。帝泄崩，子帝不降立。帝不降崩，弟帝扃立。帝扃崩，子帝廑立。帝廑崩，立帝不降之子孔甲，是爲帝孔甲。

帝孔甲立，好方鬼神，事淫亂。夏后氏德衰，諸侯畔之。天降龍二，有雌雄，孔甲不能食，未得豢龍氏。陶唐既衰，其後有劉累，學擾龍於豢龍氏，以事孔甲。孔甲賜之姓曰御龍氏，受豕韋之後。龍一雌死，以食夏后。夏后使求，懼而遷去。

孔甲崩，子帝皋立。帝皋崩，子帝發

游畋失位

太康即位之後，荒淫無恥，游幸打獵，終年不止，不問國事，導致『五子爭立』事件，最後被后羿奪位，自己流亡於外。

立。帝發崩，子帝履癸立，是爲桀。

帝桀之時，自孔甲以來而諸侯多畔夏，桀不務德而武傷百姓，百姓弗堪。乃召湯而囚之夏臺，已而釋之。湯脩德，諸侯皆歸湯，湯遂率兵以伐夏桀。桀走鳴條，遂放而死。桀謂人曰：『吾悔不遂殺湯於夏臺，使至此。』湯乃踐天子位，代夏朝天下。湯封夏之後，至周封於杞也。

脯林酒池

夏代最後一個君主桀寵受妹喜，不理政事，建造的酒池中可以運船，堆起的酒糟足有十里長，池中之酒可供三千人牛飲。夏桀沈迷酒色，終於亡國。

注釋 ①少康立：據《索隱》、《正義》考證，帝相至少康中間經后羿代夏政，寒浞殺后羿代夏，此紀未記，是司馬遷的疏略。

譯文 中康駕崩以後，他的兒子帝相繼位。帝相駕崩以後，

他的兒子帝少康繼位。帝少康駕崩，他的兒子帝予繼位。帝予駕崩，他的兒子帝槐繼位。帝槐駕崩，他的兒子帝芒繼位。帝芒駕崩，他的兒子帝泄繼位。帝泄駕崩，他的兒子帝不降繼位。帝不降駕崩，他的弟弟帝扃繼位。帝扃駕崩，他的兒子帝廑繼位。帝廑駕崩，立帝不降的兒子孔甲，這就是帝孔甲。

帝孔甲即位以後，喜歡神仙鬼神的事情，好色又淫亂。夏后氏王朝的統治日漸衰敗，諸侯紛紛起來叛變。這時，天上降下兩條龍，一雌一雄，孔甲不知道如何飼養，他又找不到舜的時候善於養龍的豢龍氏。這個時候，陶唐氏已經衰敗了，他的後代中有一個叫劉累的人，曾經和豢龍氏學過養龍的本領，於是，孔甲就讓劉累飼養這兩條龍。孔甲賞賜給他御龍氏的姓，還封賞他豕韋國的領地，代替原來姓彭的豕韋國君。後來，那條雌龍死了，劉累竟然把龍弄熟了給孔甲吃。等到孔甲想要看那兩條龍的時候，劉累心中恐懼，逃走了。

孔甲駕崩，他的兒子帝皋繼位。帝皋駕崩，他的兒子帝發繼位。帝發駕崩，他的兒子帝履癸繼位，這就是桀。

帝桀在位的時候，由於自從孔甲以來，很多諸侯就已經背叛了夏王朝，桀不知道用德政來治理，

反而用武力去鎮壓諸侯百族，百族都無法忍受。這時，桀把諸侯中最有影響力的湯招來，并把他囚禁在夏臺，沒過多久，桀又把湯放了。湯能整脩德政，天下的諸侯都歸順湯，於是，湯帶兵討伐夏桀，桀敗逃到鳴條，後來遭到放逐而死。敗逃的路上，桀對人說：『我眞後悔沒在夏臺就把湯殺掉，以致於落得如此下場。』於是，湯登上天子的位置，取得了夏王朝的天下。湯分封土地給了夏朝的後代，到周朝的時候，他們被封在杞國。

關龍逢

關龍逢，夏桀時大臣，他懇請夏桀改變荒淫無道的情況。夏桀大怒，命人把他囚而殺之。關龍逢因忠諫被殺，在夏王朝内外引起很大不滿，很多人都不敢直言進諫，祇想遠遠離去。

原文

太史公曰：禹爲姒姓，其後分封，用國爲姓，故有夏后氏、有扈氏、有男氏、斟尋氏、彤城氏、褒氏、費氏、杞氏、繒氏、辛氏、冥氏、斟戈氏。孔子正夏時，學者多傳《夏小正》云。自虞、夏時，貢

賦備矣。或言禹會諸侯江南，計功而崩，因葬焉，命曰會稽。會稽者，會計也。

譯文

太史公說：禹姓姒，分封他的後代的時候，就用所分封的國爲姓，因此有夏后氏、有扈氏、有男氏、斟尋氏、彤城氏、褒氏、費氏、杞氏、繒氏、辛氏、冥氏、斟戈氏。孔子校正夏朝的曆法時，學者們很多都傳習《夏小正》一書。從虞夏時開始，貢納賦稅的制度已經被完備地制定。還有一種說法認爲禹曾經在江南召集諸侯，在考核諸侯功績的時候死了，因此就葬在那裏，於是人們就把當地命名爲會稽。所謂會稽，就是會計，綜合核計的意思。

賞析

相傳堯、舜時洪水泛濫，這成了當時困擾華夏民族生存和發展的一個尖銳問題。在這樣的歷史背景下，禹子承父業并吸取了父親鯀的教訓，靠自己的健壯、精幹和毅力，最終治水成功。禹新婚四天就離家赴任，行山表木，導九川、陂九澤、通九道、度九山，考察了九州的土地物產，規定了各地的貢品賦稅，指給了各地朝貢的方便途徑，并在此基礎上，劃定了五服界域，使衆河朝宗於大海，萬方朝宗於天子。

司馬遷在叙説夏禹業績的過程中，插進了皋陶論『九德』以及舜和皋陶關於元首和股肱的歌詞，這反映了古人理想中的天子及諸侯大臣的行爲和道德規範。

與禹的形象相反，司馬遷在《夏本紀》中，用簡約的筆觸，勾畫幷鞭撻了孔甲的荒淫和夏桀的暴虐。

《夏本紀》是一部夏王朝的興衰史。夏禹的興起，是由於他治理洪水救民於災難，勤勤懇懇地做人民的公僕，所以人民擁護他。夏朝的衰亡，則是由於孔甲、夏桀這樣的統治者敗德傷民，因而人民怨恨他們。大禹治水的功績在中華民族的歷史上樹起了一座永不磨滅的豐碑，他十三年於外，三過家門而不入的偉大奉獻精神，被千古傳頌，作爲我們祖先一種良好美德的代表，將永遠值得我們學習。

集評 【索隱述贊】堯遭鴻水，黎人阻饑。禹勤溝洫，手足胼胝。言乘四載，動履四時。娶妻有日，過門不私。九土既理，玄圭錫兹。帝啓嗣立，有扈違命。五子作歌，太康失政。羿浞斯侮，夏室不競。降於孔甲，擾龍乖性。嗟彼鳴條，其終不令！

殷本紀

題解 《殷本紀》選自《史記》卷三，本紀第三。殷原先叫作商，也是一個古老的部落，其始祖契大約與夏禹同時，被封於商。到公元前十六世紀，商逐漸強大，湯發動了滅夏戰爭，夏亡，商朝正式建立，定都於亳，成爲我國歷史上第二個奴隸制王朝。大約到公元前十三世紀，盤庚遷都於殷，此後，直至商紂滅亡，共二百五十餘年，商稱之爲殷。

原文 殷契，母曰簡狄，有娀氏之女，爲帝嚳次妃。三人行浴，見玄鳥墮其卵，簡狄取吞之，因孕生契。契長而佐禹治水有功。帝舜乃命契曰：『百姓不親，五品不訓，汝爲司徒而敬敷五教，五教在寬。』封於商，賜姓子氏。契興於唐、虞、大禹之際，功業著於百姓，百姓以平。

契始封商，其後裔盤庚遷殷，殷在鄴南，遂爲天下號。契是殷家始祖，故言殷契。

契卒，子昭明立。昭明卒，子相土立。相土卒，子昌若立。昌若卒，子曹圉立。曹圉卒，子冥立。冥卒，子振立。振卒，子微立。微

孔安國曰：『十四世凡八徙國都。』

契

契，也叫閼伯，商族的祖先，跟大禹一起治過洪水，是個有功的人。

卒，子報丁立。報丁卒，子報乙立。報乙卒，子報丙立。報丙卒，子主壬立。主壬卒，子主癸立。主癸卒，子天乙立，是爲成湯。

成湯，自契至湯八遷。湯始居亳，從先王居，作《帝誥》。

譯文 殷族始祖契的母親名叫簡狄，她是有娀氏的女兒，是帝嚳的妃子中位居次位的。她和另外兩個女子一起到河邊洗澡，簡狄看見一個燕子掉下蛋，她就撿起蛋來吃了，結果，簡狄懷孕生下了契。契長大以後輔佐禹治水，立了功，帝舜就任命契當司徒，并對他說：『百姓不能互相親睦，家庭不和順，你做了司徒，一定要恭謹地執行倫理道德的教育，將寬厚作爲

根本。』舜把他封在一個叫商的地方，賜他的一族姓子。契興起於唐、虞、禹的時代，他的功績在百姓中得到認可，百姓的生活因他安定。

契死了以後，他的兒子昭明繼位。昭明死了以後，他的兒子相土繼位。相土死了以後，他的兒子昌若繼位。昌若死了以後，他的兒子曹圉繼位。曹圉死了以後，他的兒子冥繼位。冥死了以後，他的兒子振繼位。振死了以後，他的兒子微繼位。微死了以後，他的兒子報丁繼位。報丁死了以後，他的兒子報乙繼位。報乙死了以後，他的兒子報丙繼位。報丙死了以後，他的兒子主壬繼位。主壬死了以後，他的兒子主癸繼位。主癸死了以後，他的兒子天乙繼位，這就是成湯。

成湯，從契到湯，一共遷都八次。最後，湯在亳定居，這是先王住過的地方，并作《帝誥》。

原文 湯征諸侯。葛伯不祀，湯始伐之。湯曰：『予有言：人視水見形，視民知治不①。』

伊尹曰：『明哉！言能聽，道乃進。君國子民，爲善者皆在王官。勉哉，勉哉！』湯曰：『汝不能敬命，予大罰殛之，無有攸②赦。』作

孔安國曰：『鳩房二人，湯之賢臣也。二篇言所以醜夏而還之意也。』

湯

商湯爲契的子孫，商部落首領。湯建立商朝後使商的勢力擴大到黃河上游，國力強盛。

《湯征》。

伊尹名阿衡。阿衡欲奸湯而無由，乃爲有莘氏媵臣，負鼎俎，以滋味說湯，致於王道。或曰，伊尹處士，湯使人聘迎之，五反然後肯往從湯，言素王及九主之事。湯舉任以國政。伊尹去湯適夏。既醜有夏，復歸於亳。入自北門，遇女鳩、女房，作《女鳩》、《女房》。

湯出，見野張網四面，祝曰：『自天下四方皆入吾網。』湯曰：『嘻，盡之矣！』乃去其三面，祝曰：『欲左，左。欲右，右。不用命，乃入吾網。』諸侯聞之，曰：

『湯德至矣，及禽獸。』

注釋 ①不：同『否』。②攸：同『所』。

譯文 湯征伐諸侯。葛伯不來祭祀，湯首先就征討他。湯說：『我有一句話：人看見水就能看到自己的形象，觀察百姓就能知道自己治理得如何。』

伊尹說：『您真是明智啊！能聽取別人的意見，道德才會進步。治理國家，管理人民，德行好、做好事的人就都在朝廷做官。努力吧，努力吧！』湯對大家說：『如果你們不聽從我的命令，我就要重重地懲罰你們，不會寬赦。』《尚書》中的《湯征》就是這時作的。

伊尹名叫阿衡。阿衡想要求見成湯，但是苦於找不到門路，於是他作爲湯所娶的有莘氏女子陪嫁的奴隸，背着鼎和庖廚的工具，通過談論割烹調味的道理來說服湯，最終讓湯成就王道。也有人說，伊尹是位隱士，湯派人帶着聘禮迎接他，請了五次他才肯跟隨湯，和湯講述無爲而治的素王之道以及九類君主的優劣。湯讓他來擔任治理國家的工作。伊尹曾經離開湯到夏國。他看到夏的醜惡，於是又回到亳。他從亳的北門進入城中，遇到湯的臣下女鳩、女房，於是寫下《女鳩》、《女房》。

帝嚳時陸終之長子，昆吾氏之後也。世本云『昆吾者，衛氏』。

左傳云：『食言多矣，能無肥乎？』是謂妄言爲食言。

商湯外出，他看見野外獵人從四個方向設下網打獵，并且禱告說：『願天下四方的東西都進入我的網中。』湯說：『哎，那樣就把所有的鳥獸都捕盡了！』於是撤去三個方向的網，并禱告說：『要向左的向左走，要向右的向右走，不聽從命令的就到我的網裏來吧。』諸侯們聽了這件事以後，都說：『湯的德行眞高啊，連禽獸都享受到他的恩惠。』

解網施仁

商湯看到一個人在野外四面張網捕鳥，就對捕鳥人說：『哎呀，太殘忍了，鳥兒恐怕被你捕光了。』說罷，便拆掉三面的網。諸侯和部落首領們聽說此事，覺得商湯仁慈，紛紛歸順於他。最後，商湯終於滅了夏。

原文 當是時，夏桀爲虐政淫荒，而諸侯昆吾氏爲亂。湯乃興師率諸侯，伊尹從湯，湯自把鉞以伐昆吾，遂伐桀。湯曰：『格女眾庶，來，女悉聽朕言。匪①台小子敢行舉亂，有夏多罪，予維②聞女眾言，夏氏有罪。予畏上帝，不敢不正③。今夏多罪，天命殛之。今女有眾，女曰「我君不恤我眾，捨我嗇事而割政④」。女其曰「有罪，其柰何？」夏王率止眾力，率奪夏國。有眾率怠不和，曰「是日何時喪？予與女皆亡！」夏德若茲，今朕必往。爾尚⑤及予一人致天之罰，予其大理⑥女。女毋不信，朕不食言。女不從誓言，予則帑僇⑦女，無有攸赦。』以告令師，作《湯誓》。於是湯曰『吾甚武』，號曰武王。

桀敗於有娀之虛⑧，桀犇於鳴條，夏師敗績。湯遂伐三㚇，俘厥寶玉，義伯、仲伯作《典寶》。湯旣勝夏，欲遷其社，不可，作夏社。伊尹報。於是諸侯畢服，湯乃踐天子位，平定海內。

湯歸至於泰卷陶，仲虺作誥。旣絀⑨夏命，還亳，作《湯誥》：『維三月，王自至於東郊。告諸侯群后：「毋不有功於民，勤力乃事。予乃大罰殛女，毋予怨。」曰：「古禹、皋陶久勞於外，其有功乎民，民乃有安。東爲江，北爲濟，西爲河，南爲淮，四瀆已脩，萬民乃有居。后稷降播，農殖百穀。三公咸有功於民，故後有立。昔蚩尤與其大夫作亂百姓，帝乃弗予，有狀。先王言不可不勉。」曰：「不道，毋之在國，女毋我怨。」」以令諸侯。伊尹作《咸有一德》，咎單作《明居》。

湯乃改正朔，易服色，上⑩白，朝會以晝。

注釋 ①匪：同「非」。②維：通「雖」。③正：通「征」。④嗇事：指稼穡之事。「嗇」通「穡」，收割莊稼。割：奪取。政：通「徵」。又說「割」通「害」，「割政」即害民之政。⑤尚：通「倘」，如果。⑥理：通「賚」，賞賜。⑦帑僇：「帑」通「奴」，這裏指收爲奴隸。一說「帑」通「孥」，指妻子兒女。「僇」，通「戮」，殺戮。⑧虛：同「墟」，舊址。⑨絀：通「黜」，廢止，廢棄。⑩上：同「尚」，崇尚。

譯文 就在這個時候，夏王桀暴虐無道，荒淫昏庸，諸侯中的昆吾氏出現叛亂。於是，湯就帶領諸侯興兵討伐，伊尹跟隨湯，湯親自拿着大鉞攻打昆吾，接着又去攻打夏桀。湯說：「來，你們這些衆人，都到我這來聽我講話。不是我這個小子膽敢起來叛亂，夏的罪惡太多了，我聽你們都說夏有罪。我害怕天帝，不敢不去征伐。現在夏的罪惡很多，這是上天要誅殺他。現在你們大家都說：「我們的君王不體恤我們，廢棄農事而去征伐。」你們又說：「夏有罪，又能怎麼樣呢？」夏王破壞了百姓的生產，在整個夏國進行搶奪。有些民衆已經懈怠不再聽從他的命令，還詛咒說：「如果你是太陽，要什麼時候才會滅亡？我們寧願和你同歸於盡！」夏的德行已經敗壞到這個地步，如今，我必須前往征伐他。你們要輔助我執行上天的懲罰，我會重重地賞賜你們。你們不要不相信，我不會不遵從誓言的，如果你們不服從誓言，我就會懲罰你們和你們的妻子兒女，任何人都不會被寬赦。」湯把這些話告訴全軍，并成爲命令，并作《湯誓》。於是，湯說『我十分勇武』，號稱武王。

桀在有娀氏的舊地被戰敗，逃到鳴條，夏軍大敗。湯於是攻打三朡，獲得了那裏的寶玉，義伯、仲伯根據這件事寫下《典寶》。湯已經戰勝了夏，就想要遷移社神，但沒能遷成，他因此就寫下《夏社》。伊尹向湯報告各地的情況。這時諸侯們都歸順了湯，湯便即天子位，平定了天下。

湯回來的途中來到泰卷這個地方，大臣仲虺作了一篇誥。湯已經推翻了夏朝，回到亳，作《湯誥》：「三月裏，王親自來到東郊。對所有的諸侯們告誡說：「不要在人民中沒有功績，努力勤奮地做好你們的事。否則我就要重重地懲罰你們，你們不要怨恨我。」又說：「古時禹和皋陶長年在外面勞累受苦，這樣才在百姓中做出功績，人民才可以安定。他們在東面治理了長江，在北面治理了濟河，在西面治理了黃河，在南面治理了淮河，這四條大河治理好以後，千萬百姓便有了居住的地方。后稷教導人民播種，人們才知道種植各種莊稼。他們三位都對人們有功，因此他們的後代才能建立國家。以前，蚩尤和他的臣下在人民中作亂，天帝不保佑他，這些都是眞實的事情。先代聖王的話不可以不用來勉勵自己。」又說：「如果無道，就不讓他治理國家，你們也不要怨我。」」湯以此命令諸侯。伊尹作《咸有一德》，咎單作《明居》。

湯於是更改曆法，把建丑之月定爲正月，又更改了器物服飾的顏色，崇尚白色，群臣在白天的時候朝見天子。

原文 湯崩，太子太丁未立而卒，於是乃立太丁之弟外丙，是爲帝外丙。帝外丙即位三年，崩，立外丙之弟中壬，是爲帝中壬。帝中壬即位四年，崩，伊尹乃立太丁之子太甲。太甲，成湯敵[1]長孫也，是爲帝太甲。帝太甲元年，伊尹作《伊訓》，作《肆命》，作《徂后》。

帝太甲既立三年，不明，暴虐，不遵湯法，亂德，於是伊尹放之於桐宮。三年，伊尹攝行政當國，以朝諸侯。

帝太甲居桐宮三年，悔過自責，反[2]善，於是伊尹乃迎帝太甲而授之政。帝太甲脩德，諸侯咸歸殷，百姓以寧。伊尹嘉之，乃作《太甲訓》三篇，褒帝太甲，稱太宗。

伊尹

伊尹歷任商的三朝宰相，他輔佐成湯取得天下，又在出現統治危機之時毅然流放了昏庸的太甲，終於使太甲改過自新。伊尹也成爲歷史上賢臣良相的代表。

馬融曰：『原，臣名也。命原以禹、湯之道我所脩也。』

孔安國曰：『地名。』皇甫謐曰：『或云河南敖倉是也。』

注釋 ①敵：通『嫡』。②反：同『返』，歸向。

譯文 湯駕崩，太子太丁還沒有即位就已經死去，於是便擁立太丁的弟弟外丙，這就是帝外丙。帝外丙在位三年駕崩，大家又擁立外丙的弟弟仲壬成爲國君，這就是帝仲壬。帝仲壬在位四年駕崩，伊尹於是擁立太丁的兒子太甲成爲國君。太甲是成湯的嫡長孫，他就是帝太甲。帝太甲元年，伊尹了《伊訓》、《肆命》和《徂后》，以此來訓誡太甲。

帝太甲在位三年，不明事理，非常暴虐，不遵守湯制定的法度，道德敗壞，伊尹因此將他流放到桐宮。在太甲流放的三年中，伊尹代行國政，接受各諸侯的朝見。

帝太甲在桐宮居住三年，深深地悔過并不斷自責，開始向善，於是伊尹把帝太甲迎回來，并將政權交給他。帝太甲不斷脩整德行，諸侯都來歸順殷朝，百姓也得到了安寧。伊尹嘉獎他，於是寫下《太甲訓》三篇，用來褒揚太甲，并尊稱他爲太宗。

原文 太宗崩，子沃丁立。帝沃丁之時，伊尹卒。既葬伊尹於亳，咎單遂訓伊尹事，作《沃丁》。

沃丁崩，弟太庚立，是爲帝太庚。帝太庚崩，子帝小甲立。帝小甲崩，弟雍己立，是爲帝雍己。殷道衰，諸侯或不至。

帝雍己崩，弟太戊立，是爲帝太戊。帝太戊立伊陟爲相。亳有祥桑穀共生於朝，一暮大拱。帝太戊懼，問伊陟。伊陟曰：『臣聞妖不勝德，帝之政其有闕①與？帝其脩德。』太戊從之，而祥桑枯死而去。伊陟贊言於巫咸。巫咸治王家有成，作《咸艾》，作《太戊》。帝太戊贊伊陟於廟，言弗臣，伊陟讓，作《原命》。殷復興，諸侯歸之，故稱中宗。

德滅祥桑

商中宗太戊之時，有妖祥之桑樹與穀樹合生於朝中，一夜之間就長得大如合抱。大臣伊陟借機勸太戊脩德，太戊聽從勸諫，勤脩政事，祥桑枯死。

中宗崩，子帝中丁立。帝中丁遷於隞。河亶甲居相。祖乙遷於邢。帝中丁崩，弟外壬立，是爲帝外壬。仲丁書闕不具。帝外壬崩，弟河亶甲立，是爲帝河亶甲。河亶甲時，殷復衰。

河亶甲崩，子帝祖乙立。帝祖乙立，殷復興。巫賢任職。

祖乙崩，子帝祖辛立。帝祖辛崩，弟沃甲立，是爲帝沃甲。帝沃甲崩，立沃甲兄祖辛之子祖丁，是爲帝祖丁。帝祖丁崩，立弟沃甲之子南庚，是爲帝南庚。帝南庚崩，立帝祖丁之子陽甲，是爲帝陽甲。帝陽甲之時，殷衰。

自中丁以來，廢適而更立諸弟子，弟子或爭相代立，比九世亂，於是諸侯莫朝。

注釋 ①闕：同「缺」，缺點、過失。

譯文 太宗駕崩，他的兒子沃丁即位。帝沃丁在位的時候，伊尹去世。便把伊尹安葬在亳，咎單於是想用伊尹的事情訓誡後人，便作了《沃丁》。

沃丁駕崩，他的弟弟太庚繼立，他就是帝太庚。帝太庚駕崩，他的兒子帝小甲繼立。帝小甲駕崩，他的弟弟雍己繼立，他就是帝雍己。這時，殷朝的國道漸漸衰敗，有的諸侯已經不來朝見。

帝雍己駕崩，他的弟弟太戊繼立，這就是帝太戊。帝太戊讓伊陟當宰相。在亳都的朝廷上忽然長出一棵桑樹和楮樹合在一起的大樹，一個晚上就長成要用兩手圍握那麼粗壯。帝太戊非常恐懼，就去向伊陟詢問。伊陟說：『我聽說怪異的事物無法戰勝好的德行，難道是您在治理國家上還有什麼缺點嗎？您應該努力脩整您的德行。』太戊聽從了他的建議，怪樹很快就枯死消失了。伊陟向巫咸贊美并講述了這件事。巫咸治理王家也非常有成績，於是作《咸艾》和《太戊》。帝太戊在宗廟中稱贊伊陟，并說不把他看成是臣子，伊陟辭讓，作《原命》。殷朝的國道重新興旺起來，諸侯都來歸順，因此太戊被尊稱爲中宗。

中宗駕崩，他的兒子帝仲丁繼立。帝仲丁將都城遷到隞。後來河亶甲又遷都到相。祖丁將都城遷到邢。帝仲丁駕崩後，他的弟弟外壬繼立，這就是帝外壬。這些在《仲丁》中都有記載，但是現在已

傅說

傅說，商朝的政治家、軍事家和建築科學家。他最初是一個犯人，後來得到武丁的重用。他成爲宰相以後，輔佐商高宗，形成了有名的『武丁中興』的盛世。

經殘缺亡佚不可見。帝外壬駕崩，他的弟弟河亶甲繼立，這就是帝河亶甲。河亶甲統治期間，殷朝又衰敗了。

河亶甲駕崩，他的兒子帝祖乙繼立。帝祖乙在位時，殷朝又興盛起來，巫賢被委以職務。

祖乙駕崩，他的兒子帝祖辛繼立。帝祖辛駕崩，他的弟弟沃甲繼立，這就是帝沃甲。帝沃甲駕崩，立沃甲的哥哥祖辛的兒子祖丁爲國君，這就是帝祖丁。帝祖丁駕崩，立沃甲的兒子南庚爲國君，這就是帝南庚。帝南庚駕崩，立帝祖丁的兒子陽甲爲國君，這就是帝陽甲。帝陽甲在位期間，殷朝又衰落了。

自從仲丁以來，常常廢除嫡子繼位的權利而立王的弟弟和各個兄弟的兒子繼位，有的時候，王的弟弟和他們的兒子還互相爭奪王位，連續九世都非常混亂，於是諸侯就不來朝見。

原文 帝陽甲崩，弟盤庚立，是爲帝盤庚。帝盤庚之時，殷已都河北，盤庚渡河南，復居成湯之故居，乃五遷，無定處。殷民咨胥皆怨，不欲徙。盤庚乃告諭諸侯大臣曰：『昔高后成湯與爾之先祖俱定天下，法則可脩。捨而弗勉，何以成德！』乃遂涉河南，治亳，行湯之政，然後百姓由寧，殷道復興。諸侯來朝，以其遵成湯之德也。

帝盤庚崩，弟小辛立，是爲帝小辛。帝小辛立，殷復衰。百姓思盤庚，乃作《盤庚》三篇。帝小辛崩，弟小乙立，是爲帝小乙。

帝小乙崩，子帝武丁立。帝武丁即位，思復興殷，而未得其佐。三年不言，政事決定於冢宰，以觀國風。武丁夜夢得聖人，名曰說。以夢所見視群臣百吏，皆非也。於是乃使百工營求之野，得說於傅險中。是時說爲胥靡，築於傅險。見於武丁，武丁曰是也。得而與之語，果聖人，舉以爲相，殷國大治。故遂以傅險姓之，號曰傅說。

孔安國曰：『傅氏之巖在虞虢之界，通道所經，有澗水壞道，常使胥靡刑人築護此道。說賢而隱，代胥靡築之，以供食也。』

帝武丁祭成湯，明日，有飛雉登鼎耳而呴①，武丁懼。祖己曰：『王勿憂，先修政事。』祖己乃訓王曰：『唯天監下典厥義，降年有永有不永，非天夭民，中絕其命。民有不若德，不聽罪，天既附命正厥德，乃曰其奈何。嗚呼！王嗣敬民，罔非天繼，常祀毋禮於棄道。』武丁修政行德，天下咸歡，殷道復興。

注釋 ①雉：野鷄。呴：同『雊』，野鷄叫。

譯文 帝陽甲駕崩以後，他的弟弟盤庚繼立，這就是帝盤庚。帝盤庚即位時，殷朝的國都已經在黃河的北面，盤庚渡過黃河，重新在成湯的故居定都，至盤庚時期，殷朝共遷都五次，沒有固定的地方。殷人都憂愁怨恨，不想要再遷徙。盤庚於是告諭諸侯和大臣們說：『昔日，先王成湯和你們的先祖一起安定了天下，他的法則應該遵守。捨棄他的法則不去努力，如何能治理得好呢？』於是渡過黃河到達南面，在亳定都，實行湯時治理國家的方法，之後，百姓得到安寧，殷朝的國勢重新振興。諸侯都來朝見，因爲盤庚遵守成湯時的德政。

武丁

盤庚定都於殷之後，商朝逐漸進入穩定發展時期。經小辛和小乙兩代商王的短期過渡，商朝的統治達到頂峰，被稱爲『中興』，而實現『中興』功業的君王就是武丁。

帝盤庚駕崩，他的弟弟小辛繼立，這就是帝小辛。帝小辛即位以後，殷朝國道又衰落了。百姓都思念盤庚，於是作《盤庚》三篇。帝小辛駕崩，弟弟小乙繼立，這就是帝小乙。

帝小乙駕崩，他的兒子帝武丁繼立。帝武丁即位以後，想要重新振興殷朝，但是沒有找到合適的助手。因此他三年都不說話，政事全由冢宰決定，自己暗中觀察着國家的情況。一天，武丁夜晚做夢得到一個聖人，名叫說。他根據夢中看到的樣子察看群臣百官，沒有一個像那位聖人。於是派百官到民間去尋找，終於在傅險這個地方找到了說。當時，說正作爲刑徒在傅險服建築方面的勞役。說被送去面見武丁，武丁一見就說就是這個人。武丁和說談論，發現說果然是個聖人，就讓他出任宰相，殷朝因此得到了非常好的治理。於是就用傅險來給他定姓

國語云『帝甲亂之，七代而隕』是也。

氏，稱爲傳說。

帝武丁祭祀成湯，第二天，有野鷄飛過來站到鼎的耳上大叫，武丁非常恐懼。祖己說：『大王不必擔憂，還是先脩整好政務。』祖己於是就對王訓誡：『上天觀察天下的百姓，是看他們的行爲是不是講究道義，上天賜給人的壽命長短不同，并不是上天要讓人夭折，而是因爲人自己的原因中途斷絕了自己的壽命。天下的人中有不講求品德的，有不服罪的，上天已經給了他壽命糾正他的德行，這時候才說怎麼辦，有什麼用呢。唉！大王繼承了王位，爲民做事，不要按照那些不合天道的禮儀來祭祀，要常常祭祀，不要失禮，不要廢棄天道。』武丁脩整了政事，實行德政，天下的百姓都很歡欣，殷朝的國勢重新興盛起來。

原文　帝武丁崩，子帝祖庚立。祖己嘉武丁之以祥雉爲德，立其廟爲高宗，遂作《高宗肜日》及訓。

帝祖庚崩，弟祖甲立，是爲帝甲。帝甲淫亂，殷復衰。

帝甲崩，子帝廩辛立。帝廩辛崩，弟庚丁立，是爲帝庚丁。帝庚丁崩，子帝武乙立。殷復去亳，徙河北。

帝武乙無道，爲偶人，謂之天神。與之博，令人爲行。天神不勝，乃僇辱之。爲革囊，盛血，卬①而射之，命曰『射天』。武乙獵於河渭之間，暴雷，武乙震死。子帝太丁立。帝太丁崩，子帝乙立。帝乙立，殷益衰。

革囊射天

商代第二十七代王武乙無道，以革囊盛血，仰而射之，名爲射天。後來，武乙在打獵時，遭雷擊而死。

注釋　①卬：同『仰』。

譯文　帝武丁駕崩以後，他的兒子帝祖庚繼位。祖己嘉獎武丁以祥瑞的野鷄作爲實行德政的激勵，并立了宗廟，稱其爲高宗，於是寫下《高宗肜日》和《高宗之訓》。

帝祖庚駕崩，他的弟弟祖甲繼位，這就是帝甲。帝甲荒淫

列女傳曰：『膏銅柱，下加之炭，令有罪者行焉，輒墮炭中，妲己笑，名曰砲格之刑。』

微子

微子，商王帝乙的長子，紂王的庶兄，封於宋國（今河南商丘），後世因之稱爲微子啓（或微子開）。宋國開國遠祖，傳説他爲政賢能，爲殷民所愛戴。

以獻紂，紂乃赦西伯。西伯出而獻洛西之地，以請除炮格之刑。紂乃許之，賜弓矢斧鉞，使得征伐，爲西伯。而用費中爲政。費中善諛，好利，殷人弗親。紂又用惡來。惡來善毀讒，諸侯以此益疏。

注釋 ①辨：同『辯』，有口才。②距：同『拒』，拒絶。③仞：通『牣』，滿。④蜚鳥：飛鳥，『蜚』同『飛』。⑤倮：同『裸』。⑥憙：同『喜』。

譯文 帝乙的長子叫微子啓。啓的母親地位很低賤，因此，啓沒有資格繼承王位。帝乙的小兒子叫辛，辛的母親是正后，因此辛成了王位的繼承人。帝乙駕崩以後，他的兒子辛繼位，這就是帝辛，天下的人稱他爲紂。

帝紂天資聰穎，口才很好，行動敏捷，聽力更是過人；他的身材高大，力大無比，可以徒手和猛獸搏鬥；他有足夠的智慧拒絕臣下的勸諫，口才足夠好，可以用來辯駁錯誤；他憑着才能向大臣誇耀，用聲望來壓倒所有的人，認爲所有的人都比不上自己。他喜歡喝酒，淫樂無度，寵愛女人。帝紂尤其寵愛妲己，妲己説的話他都聽從。他讓樂師涓作了新的放蕩的樂曲，北里的舞蹈，以及輕柔頹廢的音樂。他增加賦稅來充實鹿臺的錢財，還讓巨橋的糧倉都裝滿了糧食。他還廣泛地搜集狗、馬等奇珍異物，都放到宮室中。他還擴大了沙丘的園子，修建了很多亭臺樓閣，把很多野獸飛鳥都放在園子中。他對鬼神怠慢，在沙丘大搞舞樂雜技，在池子中裝滿酒，把肉懸挂起來像是樹林，讓男男女女都不穿衣服，光着身子相互追逐，通宵達旦地飲酒取樂。

百姓怨恨紂，諸侯也反叛他，於是紂加重刑法，他還造出殘酷的炮烙之刑。紂任命西伯昌、九侯和鄂侯爲三公。九侯有個女兒很漂亮，他把女兒獻給了紂。九侯的女兒不喜歡淫亂，紂非常憤怒，就殺死了她，還把九侯也剁成了肉醬。因為這件事，鄂侯和紂爭辯的態度強硬，語氣犀利，結果，紂把鄂侯處死了，還把他的肉做成了肉乾。西伯昌聽説以後，偷偷地嘆息。結果，崇侯虎知道了這件事，

括地志云：今衛州城即殷牧野之地，周武王伐紂築也。

他告訴了紂王，紂就把西伯囚禁在羑里。西伯的大臣閎夭等人，搜羅美女、奇珍異物和好馬獻給紂，紂因此赦免了西伯。西伯出獄後就獻給紂王洛水西面的一塊土地，請求紂王廢除炮烙的刑罰。紂答應了，還賞賜給他弓箭斧鉞，給他權利征伐不服從的人，還讓他成為西方諸侯的首領。紂還任用費仲主持政務，費仲善於阿諛，又很貪財，殷朝的百姓都不喜歡他。紂又任用惡來，惡來喜歡詆毀別人，諸侯因此更加疏遠紂。

原文 西伯歸，乃陰脩德行善，諸侯多叛紂而往歸西伯。西伯滋大，紂由是稍失權重。王子比干諫，弗聽。商容賢者，百姓愛之，紂廢之。及西伯伐飢國，滅之，紂之臣祖伊聞之而咎周，恐，奔告紂曰：『天既訖我殷命，假人元龜，無敢知吉，非先王不相我後人，維王淫虐用自絕，故天棄我，不有安食，不虞知天性，不迪率典。今我民罔不欲喪，曰「天曷不降威，大命胡不至？」今王其奈何？』紂曰：『我生不有命在天乎！』祖伊反，曰：『紂不可諫矣。』西伯既卒，周武王之東伐，至盟津，諸侯叛殷會周者八百。諸侯皆曰：『紂可伐矣。』武王曰：『爾未知天命。』乃復歸。

紂愈淫亂不止。微子數諫不聽，乃與大師、少師謀，遂去。比干曰：『為人臣者，不得不以死爭①。』乃強諫紂。紂怒曰：『吾聞聖人心有七竅。』剖比干，觀其心。箕子懼，乃詳②狂為奴，紂又囚之。殷之大師、少師乃持其祭樂器奔周。周武王於是遂率諸侯伐紂。紂亦發兵距之牧野。甲子日，紂兵敗。紂走，入登鹿臺，衣其寶玉衣，赴火而死。周武王遂斬紂頭，縣之白旗。殺妲己。釋箕子之囚，封比干之墓，表商容之閭。封紂子武庚祿父，以續殷祀，令脩行盤庚之政。殷民大說。於是周武王為天子。其後世貶帝號，號為王。而封殷後為諸侯，屬周。

注釋 ①爭：同『諍』，諫諍。②詳：通『佯』，假裝。

譯文

西伯回到自己的國家以後，他暗自脩行德政，做好事，有很多諸侯都叛變了紂王，歸順了西伯。西伯的勢力漸漸壯大，紂的權力漸漸喪失。王子比干勸諫紂，紂不聽從。商容是一個很賢德的人，百姓都喜愛他，紂卻把他廢除不任用。等到西伯討伐并消滅了飢國，紂的臣下祖伊知道以後，責怪了周，他非常驚恐，跑去告訴紂說：『上天已經終斷了我殷朝的國運，不管是能知道天吉凶的預測，還是用大龜占卜，都不再顯示吉兆，這不是先王不幫助我們後人，祇是因爲大王荒淫暴虐，自絕於天，因此上天拋棄了我們，讓我們無法安穩地生活，你既不知道天性，也不按照常法行事。如今，我們的人民沒有不希望我們殷朝滅亡的，他們都說：「上天爲什麼還不降下威嚴，滅紂的命令爲什麼還不到來？」如今大王準備怎麼辦呢？』紂王說：『我生下來做國君不就是尊奉天命嗎？』祖伊回去，對別人說：『紂已經不可能接受勸諫了。』西伯死了以後，周武王向東面征討，一直打到盟津，諸侯背叛殷朝投靠周朝的有八百個。諸侯都說：『可以討伐紂啦。』武王卻說：『你們不知道天命。』便回去了。

紂的淫亂作爲越來越嚴重了。微子勸諫了好多次，紂王都不聽，於是，微子就和太師、少師商量，準備離開紂王。比干說：『做臣子的，就算丟掉性命也要勸諫。』於是，比干在紂面前極力諫爭。紂大怒說：『我聽說聖人的心都是七竅。』於是命人剖開比干的胸，拿出他的心。箕子非常恐懼，假裝發狂做了奴隸，紂又把他囚禁了起來。殷朝的太師、少師便帶着祭祀時用的樂器逃到周國去了。於是，周武王率領諸侯帶兵前去討伐紂王，紂也發兵在牧野抵抗周朝的大軍。甲子那天，紂的士兵大敗。紂逃走，他登上鹿臺，穿上寶玉的衣服，投火自焚。周武王斬下紂的頭，并將它挂在稱爲『大白』的旗上；周武王還殺死了妲己，釋放了箕子，在比干的墓上加了封土，在商容曾經居住的里巷的大門上進行表彰；又封了紂的兒子武庚祿父，讓他繼續奉祀殷的先人，并讓他遵行盤庚時的治國辦法。殷人非常高興。於是周武王成爲天子。周朝的後世不再稱帝號，降級爲王。殷王的後人被封爲諸侯，從屬於周。

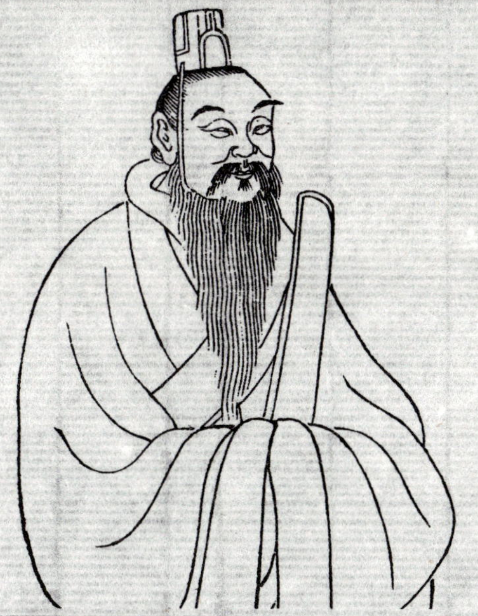

箕子

箕子，生性耿直，有才能，曾在商朝任太師輔佐朝政。

論語孔子曰：『乘殷之輅』；禮記曰『殷人尚白』，太史公爲贊，不取成文，遂作此語，亦疏略也。

原文

周武王崩，武庚與管叔、蔡叔作亂，成王命周公誅之，而立微子於宋，以續殷後焉。

太史公曰：余以頌次契之事，自成湯以來，采於書詩。契爲子姓，其後分封，以國爲姓，有殷氏、來氏、宋氏、空桐氏、稚氏、北殷氏、目夷氏。孔子曰，殷路車爲善，而色尚白。

譯文

周武王駕崩以後，武庚和管叔、蔡叔一起作亂，成王命令周公帶兵誅伐，殺了武庚，立微子啓爲宋君，來延續殷的後代。

太史公說：我是根據《商頌》來編訂契的事迹的。自從成湯以下，都是根據《尚書》和《詩經》。契姓子，後代受到分封，以國名作爲姓，有殷氏、來氏、宋氏、空桐氏、稚氏、北殷氏、目夷氏。孔子說，殷人的車子很好，而那個時代人們崇尚白色。

賞析

《殷本紀》系統地記載了商朝的歷史，描畫了一幅商部族興起、建立、滅亡的宏偉圖卷。在商朝統治的約六百年中，幾經興衰，成湯的興起，盤庚、武丁的中興，紂的滅亡，是商朝歷史中起着關鍵作用的幾個最重大的事件。司馬遷飽含熱情地歌頌了成湯、盤庚、武丁等賢君敬畏上天、脩行德政、爲民謀利的政治業績；又無情地貶抑了殷紂的剛愎自用、拒諫飾非、荒淫無度、迫害賢良、殘害百姓等暴行。

商朝歷經十七代三十一王，而司馬遷衹抓住幾個典型環節，潑墨重彩，其他則一帶而過，使得全篇虛實相映，詳略得當。在刻畫人物方面，司馬遷抓住了能突現人物個性的幾個典型事例加以敘述、描寫，體現了歷史的眞實性，使人物形象豐滿，栩栩如生。如成湯祝網、太甲思過等等，把各位賢君脩行德政的寬厚形態表現得淋灕盡致。對於紂的描寫，幾乎完全以敘述的口吻，一件一件地羅列史實，再加上有周文王、周武王的映襯，一個暴君的形象便躍然紙上，成爲一個千古流傳的反面典型。

集評

【索隱述贊】簡狄吞乙，是爲殷祖。玄王啓商，伊尹負俎。上開三面，下獻九主。旋師泰卷，繼相臣扈。遷囂圮耿，不常厥土。武乙無道，禍因射天。帝辛淫亂，拒諫賊賢。九侯見醢，炮格興焉。黃鉞斯杖，白旗是懸。哀哉瓊室，殷祀用遷！

因太王所居周原，因號曰周。地理志云右扶風美陽縣岐山在西北中水鄉，周太王所邑。

周本紀

題解 《周本紀》選自《史記》卷四，本紀第四。周朝是繼殷滅亡之後，我國歷史上第三個奴隸制王朝。周也是一個古老的部族，活動在西北黄土高原上。早在唐堯時代，周的始祖后稷就擔任農師，掌管農業生産。后稷的後代公劉、古公亶父率領族人繼續施行興農措施，使部族逐漸强大。古公亶父爲了躲避戎狄的侵擾，率族離開豳地移居岐下，營建城邑，脩治村落，設立官職，廣行仁義，建立了周國。又經過公季、文王的苦心經營，加强了國力。後來，周武王率領天下諸侯一舉滅商，建立了周王朝。

原文 周后稷，名棄。其母有邰氏女，曰姜原。姜原爲帝嚳元妃。姜原出野，見巨人迹，心忻然説①，欲踐之，踐之而身動如孕者。居期而生子，以爲不祥，棄之隘巷，馬牛過者皆辟不踐；徙置之林中，適會山林多人，遷之；而棄渠中冰上，飛鳥以其翼覆薦之。姜原以爲神，遂收養長之。初欲棄之，因名曰棄。

棄爲兒時，屹如巨人之志。其游戲，好種樹麻、菽，麻、菽美。及爲成人，遂好耕農，相地之宜，宜穀者稼穡焉，民皆法則之。帝堯聞之，舉棄爲農師，天下得其利，有功。帝舜曰：『棄，黎民始飢，爾后稷播時百穀。』封棄於邰，號曰后稷，别姓姬氏。后稷之興，在陶唐、虞、夏之際，皆有令德。

注釋 ①忻：同『欣』。説：同『悦』，喜悦，高興。

譯文 周的始祖后稷，名字叫棄。他的母親是有邰氏的女兒，名叫姜原。姜原是帝嚳的正妃。姜原外出到野外，她看見一個巨人的腳印，心裏很喜歡，就想去踩它，結果，一踩上去

后稷

后稷是古代周族的始祖，傳説是由姜原踏巨人迹孕而生的。出生後曾被拋棄，故又名棄。后稷善於種植各種農作物，被後人尊爲『農神』。

棄母姜原

后稷降生後，曾一度被母親遺棄，但他大難不死，日後終成大器。

就覺得身子振動，像懷了孕似的。懷胎滿十個月，她生下一個孩子，姜原認爲不吉利，就把孩子扔到小巷子中，但是經過的馬牛都繞過去不踩他；她又把孩子放在林子中，正趕上山林中人很多；她又將孩子遺棄在水渠的冰面上，這時有飛鳥把翅膀蓋在他身上，墊在他身下。姜原認爲這個孩子很神奇，就把他抱回來撫養長大。由於最開始的時候想遺棄這個孩子，因此給他取名叫棄。

棄還是個孩子的時候，就像偉人一樣有高遠的志向。他做游戲的時候，喜歡種麻種豆，他種下的麻、豆都長得很茂盛。等他長大以後，他喜好耕作，觀察土地適宜種植什麼樣的穀物，選擇適合種植穀物的土地種植，百姓都仿效他。帝堯聽說以後，就任用棄爲農師，天下的人都因此得到了便利，棄立下功勞。

帝舜說：『棄，百姓們以前忍受飢餓，現在，你擔任農師，播種各種穀物。』於是，帝堯把棄封在邰，號爲后稷，另外以姬爲姓。后稷的興起，在陶唐、虞、夏的時代，一直都有美好的德望。

原文 后稷卒，子不窋立。不窋末年，夏后氏政衰，去稷不務，不窋以失其官而犇戎狄之間。不窋卒，子鞠立。鞠卒，子公劉立。公劉雖在戎狄之間，復脩后稷之業，務耕種，行地宜，自漆、沮度渭，取材用，行者有資，居者有畜積，民賴其慶。百姓懷之，多徙而保歸焉。周道之興自此始，故詩人歌樂思其德。公劉卒，子慶節立，國於豳。

慶節卒，子皇僕立。皇僕卒，子差弗立。差弗卒，子毀隃立。毀隃卒，子公非立。公非卒，子高圉立。高圉卒，子亞圉立。亞圉卒，子公叔祖類立。公叔祖類卒，子古公亶父立。古公亶父復脩后稷、公劉之業，積德行義，國人皆戴之。薰育戎狄攻之，欲得財物，予之。已復攻，欲得地與民。民皆怒，欲戰。古公曰：『有民立君，將以利

山海經大荒經曰：『黑水青水之間有廣都之野，后稷葬焉。』

禮記曰：『天子之五官曰司徒、司馬、司空、司士、司寇，典司五衆。』鄭玄曰：『此殷時制。』

之。今戎狄所爲攻戰，以吾地與民。民之在我，與其在彼，何異。民欲以我故戰，殺人父子而君之，予不忍爲。』乃與私屬遂去豳，度漆、沮，逾梁山，止於岐下。豳人舉國扶老攜弱，盡復歸古公於岐下。及他旁國聞古公仁，亦多歸之。於是古公乃貶戎狄之俗，而營築城郭室屋，而邑別居之。作五官有司。民皆歌樂之，頌其德。

譯文 后稷死了以後，他的兒子不窋即位。不窋末年，夏后氏的政治漸漸衰敗，農官被廢棄，不再勸百姓務農，不窋因此失去官職，他逃到奔戎狄地區。不窋死了以後，他的兒子鞠繼位。鞠死了，他的兒子公劉繼位。公劉雖然在戎狄地區生活，但是，他重新操起后稷的舊業，致力於耕種，他根據土地的特性進行耕種，從漆水和沮水渡渭水，伐取材木以備使用，讓出門的人都能有盤纏，在家的人有積蓄，人民仰賴他的恩德，生活好起來。百姓感激他，很多都遷來歸順他。周朝的興盛就是從這個時候開始的，所以詩人創作詩歌、樂曲來歌頌他。公劉死了以後，他的兒子慶節繼位，在豳建國。

慶節死了，他的兒子皇僕繼位，皇僕死了，他的兒子差弗繼位。差弗死了，他的兒子毀隃繼位。

毀隃死了，他的兒子公非繼位。公非死了，他的兒子高圉繼位。高圉死了，他的兒子亞圉繼位。亞圉死了，他的兒子公叔祖類繼位。公叔祖類死了，他的兒子古公亶父繼位。古公亶父重新脩整了后稷、公劉的舊業，積累德行，廣行仁義，國家的人民都擁戴他。熏育等戎狄部族前來侵犯，想得到財物，他就把財物給他們。熏育又來攻打，想得到土地和人民。人民都非常憤怒，想要迎戰。古公說：『百姓擁立君長，是希望能夠對他們有利。如今戎狄前來攻打，就是爲了得到土地和人民。人民被我治理，和被他們治理，有什麼區別呢？人民是因爲我才去打仗，但是靠犧牲別人的父親和孩子換來我自己的統治，我不忍心。』於是，古公和他的親近左右離開了豳，渡過漆水和沮水，翻過梁山，最後在岐山腳下定居。豳地的百姓一起扶老攜幼，全部來到岐山腳下，重新歸附古公。連附近國家的人民聽說古公的仁慈，也有很多前來歸順。於是，古公貶斥了戎狄的習俗，建造城郭、房屋，分成各個邑落居住。設立了司徒、司空、司馬、司士、司寇五種官職。人民用詩歌歌頌他，贊美他的恩德。

原文 古公有長子曰太伯，次曰虞仲。太姜生少子季歷，季歷娶太任，皆賢婦人，生昌，有聖瑞。古公曰：『我世當有興者，其在昌

國語注云：『齊、許、申、呂四國，皆姜姓也，四嶽之後，太姜之家。太姜，太王之妃，王季之母。』

太伯

太伯，姬姓，商末周部落首領古公亶父的長子，吳國第一代君主。他知道古公亶父想傳位給季歷和他的兒子子昌後，就和虞仲出逃到了荊蠻，號勾吳。

乎？』長子太伯、虞仲知古公欲立季歷以傳昌，乃二人亡如荊蠻，文身斷髮，以讓季歷。

古公卒，季歷立，是爲公季。公季脩古公遺道，篤於行義，諸侯順之。

公季卒，子昌立，是爲西伯。西伯曰文王，遵后稷、公劉之業，則古公、公季之法，篤仁，敬老，慈少。禮下賢者，日中不暇食以待士，士以此多歸之。伯夷、叔齊在孤竹，聞西伯善養老，盍往歸之。太顛、閎夭、散宜生、鬻子、辛甲大夫之徒皆往歸之。

譯文　古公的大兒子叫太伯，二兒子叫虞仲。太姜生的小兒子叫季歷，季歷娶了太任，太姜和太任都是賢惠的妻子。太任生下昌，有聖明的祥瑞。古公說：『我的後人中一定會有成大事的人，也許就是昌吧？』大兒子太伯和二兒子虞仲知道古公想要立季歷，并希望季歷將帝位傳給昌，於是，兩人就逃亡到荊蠻，在身上刺上花紋，剪斷頭髮，就是爲了將帝位讓給季歷。

古公死了以後，季歷繼位，這就是公季。公季繼續古公時奉行的治理方法，篤行仁義，諸侯都歸順他。

公季死了以後，他的兒子昌繼位，這就是西伯。西伯被稱爲文王，他繼承了后稷、公劉的事業，同時遵循古公、公季的法則，篤行仁義，尊敬老人，對幼小慈愛，對有賢能的人以禮相待，每天到中午還來不及吃飯，就是這樣眞誠地對待士人，正因爲這樣，很多士人都來歸順他。伯夷、叔齊在孤竹國，他們聽說西伯尊敬贍養老人，就一同前往歸順。太顛、閎夭、散宜生、鬻子、辛甲大夫等人也都歸順了他。

原文　崇侯虎譖西伯於殷紂曰：『西伯積善累德，諸侯皆鄉之，將

括地志云：『古新女國城在同州河西縣南二十里。世本云莘國，姒姓，夏禹之後，即散宜生等求有莘美女獻紂者。』

山海經曰：『有人，人面獸身，名曰犬戎。』

不利於帝。』帝紂乃囚西伯於羑里。閎夭之徒患之，乃求有莘氏美女，驪戎之文馬，有熊九駟，他奇怪物，因殷嬖臣費仲而獻之紂。紂大說，曰：『此一物足以釋西伯，況其多乎！』乃赦西伯，賜之弓矢斧鉞，使西伯得征伐。曰：『譖西伯者，崇侯虎也。』西伯乃獻洛西之地，以請紂去炮烙之刑。紂許之。

西伯陰行善，諸侯皆來決平。於是虞、芮之人有獄不能決，乃如周。入界，耕者皆讓畔，民俗皆讓長。虞、芮之人未見西伯，皆慚，相謂曰：『吾所爭，周人所恥，何往爲，只取辱耳。』遂還，俱讓而去。諸侯聞之，曰『西伯蓋受命之君』。

明年，伐犬戎。明年，伐密須。明年，敗耆國。殷之祖伊聞之，懼，以告帝紂。紂曰：『不有天命乎？是何能爲！』明年，伐邘。明年，伐崇侯虎。而作豐邑，自岐下而徙都豐。明年，西伯崩，太子發立，是爲武王。

西伯蓋即位五十年。其囚羑里，蓋益易之八卦爲六十四卦。詩人道西伯，蓋受命之年稱王而斷虞芮之訟。後十年而崩，謚爲文王。改法度，制正朔矣。追尊古公爲太王，公季爲王季：蓋王瑞自太王興。

周文王

周文王姬昌，建國於岐山之下，積善行仁，諸侯多從之。

譯文

崇侯虎在紂的面前說西伯的壞話：『西伯行善積德，諸侯都歸順他，將來對您是非常不利的。』因此，帝紂把西伯囚禁在羑里。閎夭等人都非常擔心，就去尋求有莘氏的美女，驪戎的彩色駿馬，有熊的九套駕車的駿馬，各種各樣珍奇的東西，他們通過殷的寵臣費仲而獻給紂。紂很高興，就說：『進獻的這些東西，其中一件就足夠讓我釋放西伯，何況還有這麼多呢？』於是，紂王赦免了西伯，并賞賜給他弓箭斧鉞，讓西伯能夠進行征伐。紂還告訴他說：『誣陷西伯的人，是崇侯虎。』西伯於是獻上洛水以西的土地，并請求紂廢去炮烙的刑罰，紂應允了他。

西伯暗暗地做好事，諸侯之間的是非都請他來裁決。當時虞國和芮國的人有訟事無法裁決，他們就到周。當他們進入周的地界時，看到種田的人都彼此謙讓田地，人民將謙讓長者看成美德。虞、芮兩國的人還沒見到西伯的時候，就已經覺得慚愧，互相說：『我們所爭執的，正是周人感到恥辱的，我們還去幹什麼呢？去了最後衹是自取羞辱罷了。』於是他們返回，彼此謙讓而去。諸侯聽了這件事以後，都說：『西伯應當是接受天命的君主。』

第二年，討伐犬戎。又一年，討伐密須。再一年，打敗了耆國。殷的祖伊聽說以後，非常恐懼，他把這些事情都告訴了帝紂。紂說：『不是有天命幫助我嗎？他又能怎樣呢！』再一年，周討伐崇侯虎。建造了城池豐邑，從岐山腳下遷都到豐邑。又一年，西伯死，太子發即位，這就是武王。

西伯在位大概有五十年。當他被囚禁在羑里的時候，好像曾經把《易》的八卦重作爲六十四卦。詩人稱贊西伯，大概是在西伯接受天命稱王的那一年，他裁決了虞、芮兩國的訴訟。十年以後，西伯

去世，謚文王。他曾經脩改了法律條文，制定了新的曆法，追尊古公爲太王，公季爲王季：這恐怕是因爲稱王的祥瑞是從太王開始的。

原文　武王即位，太公望爲師，周公旦爲輔，召公、畢公之徒左右王，師脩文王緒業。

九年，武王上祭於畢。東觀兵，至於盟津。爲文王木主，載以車，中軍。武王自稱太子發，言奉文王以伐，不敢自專。乃告司馬、司徒、司空、諸節：『齊栗，信哉！予無知，以先祖有德臣，小子受先功，畢立賞罰，以定其功。』遂興師。師尚父號曰：『總爾衆庶，與爾舟楫，後至者斬！』武王渡河，中流，白魚躍入王舟中，武王俯取以祭。既渡，有火自上復於下，至於王屋，流爲烏，其色赤，其聲魄云。是時，諸侯不期而會盟津者八百諸侯。諸侯皆曰：『紂可伐矣。』武王曰：『女未知天命，未可也。』乃還師歸。

馬融曰：『王屋，王所居屋。流，行也。魄然，安定意也。』鄭玄曰：『《書說》云烏有孝名。武王卒父大業，故烏瑞臻。赤者，周之正色也。』

居二年，聞紂昏亂暴虐滋甚，殺王子比干，囚箕子。太師疵、少師強抱其樂器而犇周。於是武王遍告諸侯曰：『殷有重罪，不可以不畢伐。』乃遵文王，遂率戎車三百乘，虎賁三千人，甲士四萬五千人，以東伐紂。十一年十二月戊午，師畢渡盟津，諸侯咸會。曰：『孳孳①無怠！』武王乃作《太誓》，告於眾庶：『今殷王紂乃用其婦人之言，自絕於天，毀壞其三正，離逷②其王父母弟，乃斷棄其先祖之樂，乃為淫聲，用變亂正聲，怡說婦人。故今予發維共③行天罰，勉哉夫子，不可再，不可三！』

注釋　①孳孳：同『孜孜』，努力不懈的樣子。②逷：同『逖』，遠。③共：通『恭』。

譯文　武王即位，太公望成為太師，周公旦擔任太傅，召公、畢公等人成為左右大臣，輔佐武王，繼承文王的遺業。

九年，武王在畢地祭祀文王，然後他前往東方檢閱部隊士兵，一直到達盟津。他為文王製作了牌位，用車子裝載，供奉在部隊中。武王自稱為太子發，表示是遵從文王的命令進行征伐，不敢獨斷專行。然後告誡司馬、司徒、司空、諸節等：『大家要嚴肅恭敬，要誠實！我本是無知的人，因為先祖留下了有品德的大臣，我繼承祖先的功業，才制定了獎賞和懲罰的措施，來鞏固祖先的功業。』於是，興兵出征。太師尚父號令說：『集合所有的士兵，給與你們船隻，遲到的人斬首。』武王渡過黃河，船行到河中的時候，有一條白色的魚跳進武王的船中，武王俯身拾起魚用來祭祀。過河以後，有一團火從天而降，正落在武王的屋頂上，最後變成一隻烏鴉，它的顏色是紅的，降落時發出轟隆隆的響聲。這時候，有八百諸侯不約而同地來到盟津會盟。諸侯都說：『紂可以討伐了。』武王說：『你們不知道天命，現在還不行。』於是班師返回。

周武王

周武王姬發，周文王次子，西周王朝開國君主。他滅商，奪取了全國政權，建立了西周王朝，是中國歷史上的一代明君。

過了兩年，武王聽說紂王昏庸暴虐比從前更厲害了，他殺死了王子比干，囚禁箕子。太師疵、少師強各自抱着樂器前來投奔周。這時武王才對所有的諸侯宣告：『殷已經犯下了大罪，不得不去討伐了。』於是，大家遵從文王的遺志，并率領三百輛戰車，虎賁三千人，穿着甲胄的戰士四萬五千人，向東進攻，討伐紂。十一年十二月的戊午日，討伐紂的軍隊全部渡過盟津，諸侯都到齊了。武王說：『一定要勤勤懇懇，不能懈怠呀！』武王於是作《太誓》，并向所有人宣告：『如今，殷紂竟然聽信妻妾的話，他這是自己斷絶天命，違背了日、月、北斗的運行，疏遠了自己的同胞兄弟，他廢棄了先祖的音樂，并胡亂采用淫亂的音樂竄改典雅的音樂，這樣做就是爲了讓他的妻妾們高興。所以今天我要恭敬地替上天執行懲罰。我們要努力呀，男子漢們，不會出現第二次，更不會有第三次啦！』

原文

二月甲子昧爽，武王朝至於商郊牧野，乃誓。武王左杖黄鉞，右秉白旄，以麾。曰：『遠矣西土之人！』武王曰：『嗟！我有國家君，司徒、司馬、司空，亞旅、師氏，千夫長、百夫長，及庸、蜀、羌、髳、微、纑、彭、濮人，稱爾戈，比爾干，立爾矛，予其誓。』

王曰：『古人有言「牝雞無晨。惟家之索①」。今殷王紂維②婦人言是用，自棄其先祖肆祀不答，昏③棄其家國，遺其王父母弟不用，乃維四方之多罪逋逃是崇是長，是信是使，俾暴虐於百姓，以奸軌④於商國。今予發維共行天之罰。今日之事，不過六步七步，乃止齊焉，夫子勉哉！不過於四伐五伐六伐七伐，乃止齊焉，勉哉夫子！尚桓桓，如虎如羆，如豺如離⑤，於商郊，不禦克犇，以役西土，勉哉夫子！爾所不勉，其於爾身有戮。』誓已，諸侯兵會者車四千乘，陳師牧野。

帝紂聞武王來，亦發兵七十萬人距⑥武王。武王使師尚父與百夫致師，以大卒馳帝紂師。紂師雖衆，皆無戰之心，心欲武王亟入。紂師皆倒兵以戰，以開武王。武王馳之，紂兵皆崩畔⑦紂。紂走，反入登於鹿臺之上，蒙衣其殊玉，自燔於火而死。武王持大白旗以麾諸侯，諸侯畢拜武王，武王乃揖諸侯，諸侯畢從。武王至商國，商國百姓咸

孔安國曰：『索，盡也。喻婦人知外事，雌代雄鳴，則家盡也。』鄭玄曰：『王父母弟，祖父母之族。必言「母弟」，舉親者言之也。』

周禮：『環人，掌致師。』鄭玄曰：『致師者，致其必戰之志也。古者將戰，先使勇力之士犯敵焉。』

待於郊。於是武王使群臣告語商百姓曰：『上天降休！』商人皆再拜稽首，武王亦答拜。遂入，至紂死所。武王自射之，三發而後下車，以輕劍擊之，以黃鉞斬紂頭，縣大白之旗。已而至紂之嬖妾二女，二女皆經自殺。武王又射三發，擊以劍，斬以玄鉞，縣⑧其頭小白之旗。武王已乃出復軍。

注釋

①惟：同『唯』，衹。索：盡，這裏有破敗的意思。②維：同『唯』。③昏：通『泯』，蔑。④軌：通『宄』，內亂。⑤離：同『螭』，傳說中一種似龍的動物。⑥距：同『拒』，抵抗。⑦畔：通『叛』，背叛。⑧縣：同『懸』，懸挂。

譯文

二月甲子日淩晨，武王很早就來到商的郊外牧野，然後舉行誓師。武王左手拿着黃色的鉞，右手舉着用白色的旄牛尾做成裝飾的旗，并以此來指揮。武王說：『一路辛苦了，西方來的將士們！』武王接着說：『啊！我的友邦的君主們，司徒、司馬、司空、亞旅、師氏、千夫長、百夫長，還有庸人、蜀人、羌人、髳人、微人、纑人、彭人、濮人，請高舉你們的戈，排齊你們的盾，豎起你們的矛，讓我們一起宣誓。』武王說：『古人常說「母鷄是不報曉的，假如母鷄報曉，就一定會傾家蕩產」。如今殷王紂衹要是他的愛妾所說的他就聽，自己放棄了祖先的祭祀不再過問，拋棄國家大政，不任用自己的同祖兄弟，反而召集四方各國犯罪逃亡的人，對他們推崇，看重他們，信任他們，任用他們，放縱他們在百姓中橫行霸道，結果令商朝的政事被奸佞、狡詐的人控制。今天，我要恭敬地執行上天的懲罰。今天我們去討伐紂，每前進六七步，一定要停頓下來整頓隊伍，要努力呀，戰士們！每次刺擊一定不要超過四下、五下、六下、七下，就必須停頓整齊隊伍，要努力呀，將士們！希望大家要勇猛威武，就像虎、羆、豺、離那樣，我們和商朝的軍隊在商的郊外作戰，不要攻打前來投降的人，讓他們聽從我們從西方來的人的命令，

太公望

姜尚，名望，呂氏，字子牙，也稱呂尚。西周初年被封於齊，即是齊太公，屬於周初分封的功臣諸侯。他在出山輔佐周之前，曾在渭河南岸磻谿河的一個深潭垂釣。

蔡邕獨斷曰：『前驅有九旒雲罕。』

要努力呀，將士們！如果你們有誰不努力，我就會將他問斬。』誓師完畢，前來會合的諸侯軍隊，戰車有四千輛，共同在牧野列陣。

帝紂聽說武王前來討伐自己，他也發兵七十萬用來抵抗武王。武王派太師尚父帶領百名士兵前去挑戰，而他自己帶領大部分士兵攻擊紂的軍隊。紂的軍隊雖然人數很多，但是士兵都不願意作戰，大家都盼着武王的軍隊趕快攻打進來。紂的士兵都掉轉武器反而攻打紂，爲武王的軍隊開路。武王坐着戰車衝進城，紂的軍隊馬上就潰散了，背叛了紂。紂逃跑，退回城中登上鹿臺，他穿上自己的寶玉衣服，投火自焚而死。武王舉着大白旗指揮諸侯，諸侯都拜見武王，武王也向諸侯們回禮，諸侯都聽從武王的號令。武王進入商的都城，商朝的百姓都等在郊外迎接。於是，武王命令群臣告訴商朝的百姓說：『上天賜福給你們！』商朝的百姓都對着武王拜手稽首一共兩次，武王也恭敬地還禮。然後，武王進入城中，到了紂王自焚的地方。武王親自用箭射他，射了三箭以後下車，然後又用很輕的劍刺紂王的尸體，最後用黃色的鉞砍下紂的頭，挂到大白旗上。然後，武王又來到紂的兩個寵妾那裏，這時，那兩個寵妾都已經上吊自殺了。武王又對着她們的尸體射了三箭，并用劍刺她們的尸體，最後用黑色

的鉞砍下她們的頭，懸挂在小白旗上。做完這一切，武王出城，回到軍中。

原文

其明日，除道，脩社及商紂宮。及期，百夫荷罕旗以先驅。武王弟叔振鐸奉陳常車，周公旦把大鉞，畢公把小鉞，以夾武王。散宜生、太顛、閎夭皆執劍以衛武王。既入，立於社南大卒之左，右畢從。毛叔鄭奉明水，衛康叔封布茲，召公奭贊采，師尚父牽牲。尹佚筴祝曰：『殷之末孫季紂，殄廢先王明德，侮蔑神祇不祀，昏暴商邑百姓，其章顯聞於天皇上帝。』於是武王再拜稽首，曰：『膺更大命，革殷，受天明命。』武王又再拜稽首，乃出。

封商紂子祿父殷之餘民。武王爲殷初定未集，乃使其弟管叔鮮、蔡叔度相祿父治殷。已而命召公釋箕子之囚。命畢公釋百姓之囚，表商容之閭。命南宮括散鹿臺之財，發鉅橋之粟，以振貧弱萌隸①。命南宮括、史佚展九鼎保玉。命閎夭封比干之墓。命宗祝享祠於軍。乃

罷兵西歸。行狩，記政事，作《武成》。封諸侯，班賜②宗彝，作《分殷之器物》。武王追思先聖王，乃褒封神農之後於焦，黃帝之後於祝，帝堯之後於薊，帝舜之後於陳，大禹之後於杞。於是封功臣謀士，而師尚父爲首封。封尚父於營丘，曰齊。封弟周公旦於曲阜，曰魯。封召公奭於燕。封弟叔鮮於管，弟叔度於蔡。餘各以次受封。

鄭玄曰：「宗彝，宗廟樽也。作分器，著王之命及受物。」

注釋

①振：同『賑』，賑濟、救濟。萌：通『氓』，外來的百姓，也泛指老百姓。②班賜：分賜。班，同『頒』，頒發。

譯文

等到第二天，武王命人清除道路，脩整社廟以及商紂的宮室。到了約好的日期，一百名士兵扛着『罕旗』走在最前面。武王的弟弟振鐸護衛，并擺開了『常車』，周公旦手裏握着大鉞，畢公手裏握着小鉞，兩人分別站在武王兩邊。散宜生、太顛、閎夭都手拿佩劍護衛着武王。武王進入城中，站到社廟南面的大卒的左邊，左右的大臣都跟從他。毛叔鄭手捧明水，衛康叔封鋪好了草席，召公奭幫着拿好彩帛，師尚父牽着祭牲。尹佚大聲朗讀着竹簡上的祭文：『殷的末代子孫季紂，廢棄了先王聖明的美德，侮辱蔑視神明，不去祭祀，對商朝的百姓實行暴政，他的這些做法在皇天大帝面前都已經表現得清清楚楚。』於是武王再次拜手稽首兩次，并說道：『我承受上天的大命，革除殷朝的弊政，是接受了上天所降下的光明之命。』武王再一次拜手稽首兩次，然後離開城中。

武王把殷的遺民都封給商紂的兒子祿父。武王因爲天下剛剛平定下來，還沒有安定，於是派他的弟弟管叔鮮、蔡叔度幫助祿父治理殷的遺民。然後武王又命令召公將箕子釋放出獄；命令畢公將囚禁在獄中的百姓釋放，在商容的閭門上弄上表彰他的標志。命令南宮括將聚集在鹿臺的錢財及巨橋的糧食都散發給百姓，用來賑濟窮苦的人民。武王命令南宮括、史佚搬走殷人的九鼎和寶玉；命令閎夭爲比干的墳墓培土脩繕；命令宗

周公

周公旦原名姬旦，武王姬發的弟弟，因采邑在周，稱爲周公。武王子成王即位時年幼，由他攝政。因謚號爲文，又稱爲周文公。他是西周時期的政治家、軍事家、思想家，被尊爲『元聖』。

徐廣曰：『夏居河南，初在陽城，後居陽翟。』

祀在軍隊中祭祀陣亡將士的亡靈。然後武王撤兵又回到西方。武王巡視各個諸侯的領地，記錄他們的治理情況，作《武成》。武王封諸侯，將殷的宗廟祭器分別賞賜給他們，并作《分殷之器物》。武王追思懷念從前的聖王，并對神農的後代進行嘉獎，把他們封在焦，把黃帝的後代封在祝，把帝堯的後代封在薊，把帝舜的後代封在陳，把大禹的後代封在杞。然後，武王又分封了功臣謀士，其中，太師尚父是第一個接受封賞的，武王將尚父封在營丘，稱爲齊；封他的弟弟周公旦在曲阜，稱爲魯；將召公奭封在燕，分封他的弟弟叔鮮在管、叔度在蔡。其他的人也都依次受封。

原文 武王徵九牧之君，登豳之阜，以望商邑。武王至於周，自夜不寐。周公旦即王所，曰：『曷爲不寐？』王曰：『告女：維天不饗[1]殷，自發未生於今六十年，麋鹿在牧，蜚鴻滿野。天不享殷，乃今有成。維天建殷，其登名民三百六十夫，不顯亦不賓[2]滅，以至今。我未定天保，何暇寐！』王曰：『定天保，依天室，悉求夫惡，貶從殷王受。日夜勞來定我西土，我維顯服，及德方明。自洛汭延於伊汭，居易毋固，其有夏之居。我南望三塗，北望嶽鄙，顧詹有河，粵詹雒、伊，毋遠天室。』營周居於雒邑而後去。縱馬於華山之陽，放牛於桃林之虛；偃干戈，振兵釋旅：示天下不復用也。

武王已克殷，後二年，問箕子殷所以亡。箕子不忍言殷惡，以存亡國宜告。武王亦醜，故問以天道。

武王病。天下未集，群公懼，穆卜，周公乃祓齋，自爲質，欲代武王，武王有瘳。後而崩，太子誦代立，是爲成王。

注釋 ①饗：同『享』，鬼神享用祭品叫饗。②賓：通『擯』，遺棄，排斥。

譯文 武王召集九州的首領，登上了豳的高地，遙望着商的都城。武王再回到周，他在晚上總是無法入睡。周公旦來到武王的住處，問道：『爲什麼您無法入睡呢？』武王說：『告訴你吧：上天不享受殷朝的祭品，從我姬發還沒出生一直到現在已經有六十年了，麋鹿在牧野出沒，到處都是害蟲。正因爲上天不再享受殷的祭祀，所以我今天才獲得了成功。上天建立殷朝，任用有才能的人三百六十人，雖然沒有做出明顯的政績，但是也讓殷朝的國政一直存在，一直持續到今天。我還沒有眞正受到上天的保佑，我怎麼能安心入睡呢？』武王又說：『如果想眞正得到上天的庇佑，就要依靠太室山，將作惡的人全部找出來，懲罰他們，就像對待殷王那樣。我要日夜勤勉努力，從而令我西方的國土安定，我還要做好各種事情，直到我們的德教能夠在四方都得以顯現。從洛水拐彎處一直到伊水的拐彎處，地勢平坦沒有險阻，人們在這裏生活，這裏是夏人活動的地方。我向南望見三塗山，向北面望到太行山，回首又看到黃河，又觀察了雒水、伊水，那裏是離天帝不遠的地方。』武王命人在雒邑營建周城，然後離開。武王還讓人把馬都放養在華山的南面，在桃林區域養牛，將武器都放下不再使用，整頓軍隊，解除了武裝；向天下的人民表示不再用兵。

武王已經戰勝了殷，過了兩年，武王向箕子詢問殷朝滅亡的原因。箕子不忍心說殷的壞話，於是祇和武王談論了治國存亡的道理。武王也感到很慚愧，因此，他祇向箕子詢問了天道。

武王生病。天下還沒有安定，所有的大臣都非常恐懼，他們就進行『穆卜』，於是，周公齋戒沐浴，禱告上天，願意替武王承受痛苦，武王的病漸漸好轉。後來武王駕崩，太子誦繼承王位，這就是成王。

聽朝四輔

成王年幼繼位，周公、太公、召公、史佚四賢輔佐成王處理國家大事。

原文

成王少，周初定天下，周公恐諸侯畔周，公乃攝行政當國。管叔、蔡叔群弟疑周公，與武庚作亂，畔周。周公奉成王命，伐誅武庚、管叔，放蔡叔。以微子開代殷後，國於宋。頗收殷餘民，以封武王少弟封爲衛康叔。晉唐叔得嘉穀，獻之成王，成王以歸①周公於兵所。周公受禾東土，魯天子之命。初，管、蔡畔周，周公討之，三年而畢定，故初作《大誥》，次作《微子之命》，次《歸禾》，次《嘉禾》，次《康誥》、《酒誥》、《梓材》，其事在周公之篇。周公行政七年，成王長，周公反②政

括地志云：『泗州徐城縣北三十里古徐國，即淮夷也。州曲阜縣奄里，即奄國之地也。』

成王，北面就群臣之位。

成王在豐，使召公復營洛邑，如武王之意。周公復卜申視，卒營築，居九鼎焉。曰：『此天下之中，四方入貢道里均。』作《召誥》、《洛誥》。成王既遷殷遺民，周公以王命告，作《多士》、《無佚》。召公爲保，周公爲師，東伐淮夷，殘奄，遷其君薄姑。成王自奄歸，在宗周，作多方。既絀殷命，襲淮夷，歸在豐，作周官。興正禮樂，度制於是改，而民和睦，頌聲興。成王既伐東夷，息慎來賀，王賜榮伯作賄息慎之命。

成王將崩，懼太子釗之不任，乃命召公、畢公率諸侯以相太子而立之。成王既崩，二公率諸侯，以太子釗見於先王廟，申告以文王、武王之所以爲王業之不易，務在節儉，毋多欲，以篤信臨之，作顧命。太子釗遂立，是爲康王。康王即位，遍告諸侯，宣告以文武之業以申之，作康誥。故成康之際，天下安寧，刑錯③四十餘年不用。康王命作策畢公分居里，成周郊，作《畢命》。

注釋　①歸：通『饋』，贈送。②反：同『返』，這裏是交還的意思。③錯：同『措』，放置，擱放。

譯文　成王年紀還小，周的天下也是剛剛平定，周公害怕各個諸侯背叛周朝，於是，他便主持國家大事。管叔、蔡叔等兄弟都懷疑周公，他們勾結武庚一起叛亂，背叛了周朝。周公尊奉成王的命令，討伐武庚、管叔，流放了蔡叔。然後，用微子啓代替武庚作爲殷的後代，在宋建都。周公又收聚了很多殷朝的遺民，將他們封賞給武王的小弟弟衛康叔。晉唐叔得到了吉祥的穀穗，并把它獻給成王，成王把穀穗送到周公駐兵的地

桐葉封虞

周成王的弟弟叔虞和成王在一起玩耍，周成王隨手摘了片梧桐葉，送給叔虞，隨口道：『我把這作爲信物，封賜給你！』周公聽説後前去詢問周成王，周成王説他衹是在開玩笑，周公嚴肅地説：『天子無戲言，哪能隨便説説。』成王覺得周公言之有理，就把叔虞封在唐。

孔安國曰：『分別民之居里，異其善惡也。成定東周郊境，使有保護也。』

方。周公在東方接受了成王賞賜的吉祥的穀穗，頌揚了天子賞賜穀物的召命。起初，管叔、蔡叔反叛周朝，周公前去征討，經過三年終於平定了叛亂，因此先寫下《大誥》，然後又作《微子之命》，之後作《歸禾》、《嘉禾》、《康誥》、《酒誥》、《梓材》，那些事情的經過都記載在《魯周公世家》中。周公代行國政七年，成王終於長大成人，周公將政權交還成王，然後，自己又回到群臣的行列中。

成王住在豐邑，命令召公再次去洛邑進行營造，這是爲了遵從武王的遺旨。周公又占卜，不斷查看地形，最後終於建成，并把九鼎放在那裏，說：『此處是天下的中心，各處到這裏進貢的路程是相同的。』并作《召誥》、《洛誥》。於是，成王將殷朝的遺民遷徙過去，周公告訴他們成王的命令，并作《多士》、《無佚》。召公擔任太保的職務，周公擔任太師的職務，他們征伐東方的淮夷，滅亡了奄國，將奄國的國君遷到薄姑。成王從奄國返回以後，在宗周寫下《多方》。成王已經完全覆滅了殷朝的殘餘勢力，也攻襲了淮夷，他返回豐邑，作《周官》。成王制定并推廣了禮儀，譜制了音樂，法令和制度於是被修改，百姓團結和睦，稱贊的聲音不絕於耳。成王征討東夷以後，息慎前來祝賀，成王讓榮伯作了《賄息慎之命》。

召公

召公爲周文王之子，武王之弟。因最初采邑在召，故稱召公或召伯。關於召公有『甘棠遺愛』的典故。

成王臨終前，擔心太子釗無法勝任，於是就命令召公、畢公帶領其他的諸侯一起輔佐太子治理國家。成王駕崩以後，召公、畢公率領諸侯，帶太子釗前去謁見先王的宗廟，并不斷告訴他文王、武王創立起王業是怎樣不容易，告誡他務必保持節儉，千萬不能有太多的欲望，要憑借篤厚誠實來管理天下，并作《顧命》。太子釗於是登上了王位，這就是康王。康王即位以後，向天下的諸侯發布召命，不斷宣傳文王、武王所做出的功業，并作《康誥》。因此在成王和康統治期間，天下安寧，有四十多年都不需要用到刑罰。康王命令作策畢公按照等級劃分居住的範圍，形成周的四方郊野，并作《畢命》。

【原文】**康王卒，子昭王瑕立。昭王之時，王道微缺。昭王南巡狩不返，卒於江上。**

其卒不赴告，諱之也。立昭王子滿，是爲穆王。穆王即位，春秋已五十矣。王道衰微，穆王閔文武之道缺，乃命伯冏申誡太僕國之政，作《冏命》。復寧。

穆王將征犬戎，祭公謀父諫曰：『不可。先王耀德不觀兵。夫兵戢而時動，動則威，觀則玩，玩則無震。是故周文公之頌曰：「載戢干戈，載櫜弓矢，我求懿德，肆於時夏，允王保之。」先王之於民也，茂[1]正其德而厚其性，阜其財求而利其器用，明利害之鄉，以文脩之，使之務利而辟害，懷德而畏威，故能保世以滋大。昔我先王世后稷以服事虞、夏。及夏之衰也，棄稷不務，我先王不窋用失其官，而自竄於戎狄之閒。不敢怠業，時序其德，遵脩其緒，脩其訓典，朝夕恪勤，守以敦篤，奉以忠信。奕世載德，不忝前人。至於文王、武王，昭前之光明而加之以慈和，事神保民，無不欣喜。商王帝辛大惡於民，庶民不忍，訢載武王，以致戎於商牧。是故先王非務武也，勤恤民隱而除其害也。夫先王之制，邦內甸服，邦外侯服，侯衛賓服，夷蠻要服，戎翟荒服。甸服者祭，侯服者祀，賓服者享，要服者貢，荒服者王。日祭，月祀，時享，歲貢，終王。先王之順祀也，有不祭則脩意，有不祀則脩言，有不享則脩文，有不貢則脩名，有不王則脩德，序成而有不至則脩刑。於是有刑不祭，伐不祀，征不享，讓不貢，告[2]不王。於是有刑罰之辟，有攻伐之兵，有征討之備，有威讓之命，有文告之辭。布令陳辭而有不至，則增脩於德，無[3]勤民於遠。是以近無不聽，遠無不服。今自大畢、伯士之終也，犬戎氏以其職來王，天子曰「予必以不享征之，且觀之兵」，無乃廢先王之訓，而王幾頓乎？吾聞犬戎樹敦，率舊德而守終純固，其有以禦我矣。』王遂征之，得四白狼四白鹿以歸。自是荒服者不至。

韋昭曰：『文公，周公旦之謚。』

韋昭曰：『先脩志意以自責也。畿內近，知王意也。』

孔安國曰：『無簡核誠信，不聽治其獄，當嚴敬天威，無輕用刑。』

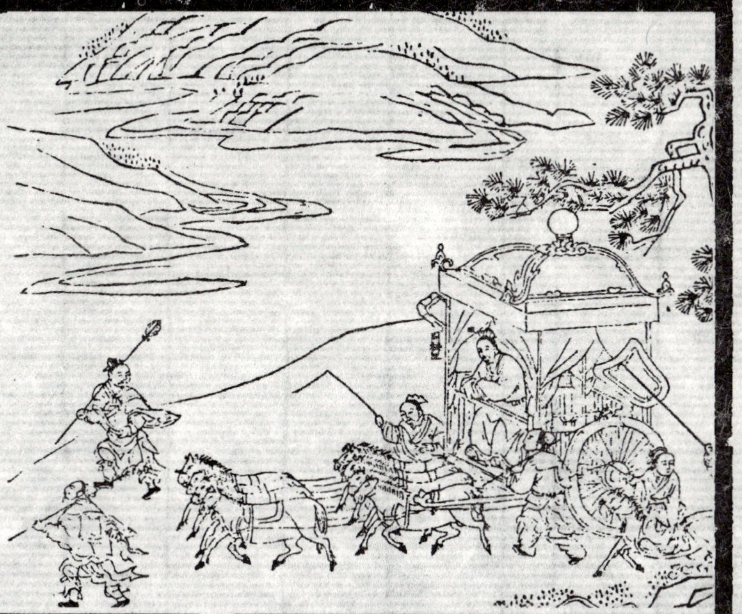

八駿巡游

周穆王喜歡駕車四處巡游，因此荒廢朝政，周朝開始中衰。

諸侯有不睦者，甫侯言於王，作脩刑辟。王曰：『吁，來！有國有土，告汝祥刑。在今爾安百姓，何擇非其人，何敬非其刑，何居非其宜與？兩造具備，師聽五辭。五辭簡信，正於五刑。五刑不簡，正於五罰。五罰不服，正於五過。五過之疵，官獄內獄，閱實其罪，惟鈞其過。五刑之疑有赦，五罰之疑有赦，其審克之。簡信有衆，惟訊有稽。無簡不疑，共嚴天威。黥辟疑赦，其罰百率，閱實其罪。劓辟疑赦，其罰倍灑，閱實其罪。臏辟疑赦，其罰倍差，閱實其罪。宮辟疑赦，其罰五百率，閱實其罪。大辟疑赦，其罰千率，閱實其罪。墨罰之屬千，劓罰之屬千，臏罰之屬五百，宮罰之屬三百，大辟之罰其屬二百：五刑之屬三千。』命曰甫刑。

注釋 ①茂：通『懋』，勉力，盡力。②告：同『誥』，諭告，指上告下。③無：同『毋』，不，不要。

譯文 康王駕崩以後，他的兒子昭王瑕即位。昭王統治時期，王道稍微出現衰敗的迹象。昭王到南方巡狩沒能返回，在江上就駕崩了。昭王死了以後也沒有告喪，就是想掩飾。於是昭王的兒子滿被立爲王，這就是穆王。穆王即位的時候，已經五十歲了。當時國家的統治衰敗，穆王對不能重振文、武二王時的統治很傷心，於是，他命令伯冏爲太僕，并反復告誡他國家的政事，作《冏命》。天下才重新得到安寧。

穆王將要征伐犬戎，祭公謀父勸諫說：『不可以攻打。先王向天下顯示的是德行，并非武力。軍隊平時要積蓄力量，一定要在必要的時候才出動，一出動就要顯示威力，假如衹是炫耀武力，就會出現漫不經心，漫不經心就不會震懾敵人。因此贊頌周公的頌詩寫道：「收起干和戈，藏好弓與箭。尋求賢良美德，傳遍華夏，王業永保全。」先王對待百姓，全力端正他們的品德，并使他們的性情純正，讓他們的財產增多，讓他們的器用得到改善，并讓人們知道利害所在，用禮法教育他們，讓他們能夠專心做好有利的事情，遠離有害的事情，心中懷有仁德并懼怕刑罰的威嚴，因此才能保住先王的事業并不斷壯大。以前我們的先祖世世代代擔任農師，并在虞舜、夏禹兩朝服務。當夏朝政權衰敗的時候，夏朝廢棄了農師，不再重視農事，我們的先王不窋，因此丟掉了官職，流落到戎狄生活的地方。但是他們對農事絲毫沒有懈怠，時時宣傳棄的美德，遵循并延續他的事業，脩正他的教化法度，任何時間都表現得恭謹勤奮，始終用忠實誠信的態度來奉行。後來的人們始終遵照這種美德，沒有讓前人的美德被玷污。到了文王、武王統治的時期，更加發揚前人光明的美德，再加上慈祥和善，恭敬地侍奉鬼神，保佑百姓，全天下的人沒有不高興的。商王帝辛犯下了滔天的大罪惡，人民無法忍受，因此高興地擁戴武王，這樣在商郊牧野發生了戰爭。所以說，先王不崇尚武力，他勤勤懇懇地體恤百姓的疾苦，爲民除害。遵照先王的制度，邦畿以內是「甸服」，邦畿以外是「侯服」，有侯、衛的地方稱「賓服」，

蠻夷所在地稱「要服」，戎翟之地稱「荒服」。屬於甸服的人們要日祭，屬於侯服的人們要月祀，屬於賓服的人負責時享，屬於要服的人要歲貢，屬於荒服的人要朝貢。「祭」以日計算，「祀」以月計算，「享」以季節計算，「貢」以年計算，「王」則以終身計算。在先王的遺訓中，假如不「祭」就要檢查意志，假如不「祀」就要檢查言辭，如果不「享」就要脩整禮法，如果不「貢」就要端正名分，如果不「王」就要查看道德，如果都是按照次序做了卻仍然不能盡其職守，就必須施以刑罰。因此有對不祭者施行的刑罰，對不祀者施行的攻伐，對不享者施行的征討，對不貢者施行的譴責，對不王者施行的昭告。因此有關於刑罰的各種規定，有攻伐的軍隊，有征討的武器，有威嚴下達的命令，有昭告天下的文辭。如果下達了文辭命令仍然有不來的人，就要更加脩養德行，不要疲勞人民進行遠征。這樣才會使鄰近的國家都來聽從，遠方的國家都來歸順。如今，自從犬戎氏大畢、伯士二君去世以後，犬戎氏遵守其職分，前來朝貢天子，天子卻說「我一定要按照『不享』的罪名征討他們，還要向他們炫耀強大的武力」，這無異於拋棄了先王的教訓，令自己陷入危險的境地。我聽說犬戎氏宣揚敦厚的風氣，全都遵照前人的德行，并且能一直堅持，他們這麼做是有足夠抵禦我們的東西啊。』但是穆王仍然發兵征

討，最後得到四隻白狼和四隻白鹿而回。從此以後，屬於荒服的國家都不來朝見了。

諸侯中有不和睦的，甫侯把這種情況告訴給王，王因此立下各種刑法。王說：『喂，到我這來！有封國有土地的諸侯們，我要告訴你們完善的刑法。現在你們要安頓百姓，難道不應該選擇執法的賢人嗎？應該得到尊重的難道不是刑法本身嗎？應該掌握的難道不是用刑的尺度嗎？原告與被告全都到齊了，士師應該從語言、表情、呼吸、聽覺反應以及目光等「五辭」進行觀察。通過這些觀察來了解情況，五種判斷都明了了，就可以用五種刑罰來定罪。如果五種刑罰不合適，就用「五罰」來定罪。如果「五罰」也不合適，就用「五過」來定罪。用「五過」來判斷罪行有一定的缺陷，各種案件都要審明詳實，使罪名和過失相當。如果遇到應該按照「五刑」治罪但是有疑問而不得不赦免的訟事，或者是應該按照「五罰」治罪卻因爲有疑問不得不赦免的訟事，就要認眞審查。收集證據應該順從民衆，審訊也要有據。假如沒有充分的證據就不要懷疑，一定要嚴肅維護上天的威信。屬於黥刑但是有疑惑而需要赦免的，罰金爲一百率，查明罪狀。屬於劓刑因爲有疑惑而不得不赦免的，其罰金是前者的兩倍，也要把案情審閱詳實。屬於臏刑但是因爲疑惑而不得不赦免的，其罰金是前者的兩倍半，要查清

罪狀。屬於宮刑因有疑惑而不得不赦免的，其罰金是五百率，要弄清罪狀。屬於大辟之刑因有疑惑而需要赦免的，其罰金爲千率，也要查明罪狀。屬於墨刑的罰金的條文有上千條，屬於劓刑的罰金的條文有上千條，屬於臏刑的罰金的條文有五百條，屬於宮刑的罰金條文是三百條，屬於大辟刑罰的罰金條文有二百條，和五種刑罰有關的條文一共有三千條。』命名爲《甫刑》。

原文

穆王立五十五年，崩，子共王繄扈立。共王游於涇上，密康公從，有三女奔之。其母曰：『必致之王。夫獸三爲群，人三爲眾，女三爲粲。王田不取群，公行不下眾，王御不參一族。夫粲，美之物也。眾以美物歸①女，而何德以堪之？王猶不堪，況爾之小醜乎！小醜備物，終必亡。』康公不獻，一年，共王滅密。共王崩，子懿王囏立。懿王之時，王室遂衰，詩人作刺。

懿王崩，共王弟辟方立，是爲孝王。孝王崩，諸侯復立懿王太子燮，是爲夷王。

密康公母

密康公的母親勸密康公把美女獻給周共王，密康公不聽，後來被周共王滅國。

注釋 ①歸：通『饋』，贈予，送給。

譯文 穆王在位一共有五十五年，他駕崩後，他的兒子共王繄扈即位。共王在涇水上游游玩，密康公在旁邊服侍，這時，有三個女子前來投奔密康公。密康公的母親對他說：『你務必把這三個女子獻給共王。獸，三隻以上稱爲「群」；人，三個以上稱爲「衆」；女子，三人以上稱爲「粲」。王出去打獵從來不會獵取三隻以上的獸，公行事一定會虛心聽取三人以上的建議，王的妃嬪沒有三人是屬於同一個宗族的。所謂「粲」，是用來形容美好的事物。人們都將美好的東西送給你，但是你有什麼德行去享用這些東西呢？連王都不配享用，更何況像你這樣的小人物呢？小人物如果占有這樣的東西，最終一定會滅亡。』密康公不願意將她們獻給共王，一年以後，共王消滅了密。共王駕崩以後，他的兒子懿王囏即位。懿王在位的時候，王室走上衰敗的道路，詩人都寫詩諷刺。懿王駕崩以後，共王的弟弟辟方即位，這就是孝王。孝王駕崩，諸侯又擁立懿王的太子燮即位，這就是夷王。

原文 夷王崩，子厲王胡立。厲王即位三十年，好利，近榮夷公。大夫芮良夫諫厲王曰：『王室其將卑乎？夫榮公好專利而不知大難。夫利，百物之所生也，天地之所載也，而有專之，其害多矣。天地百物皆將取焉，何可專也？所怒甚多，而不備大難。以是教王，王其能久乎？夫王人者，將導利而布之上下者也。使神人百物無不得極，猶日怵惕懼怨之來也。故頌曰「思文后稷，克配彼天，立我蒸[1]民，莫匪[2]爾極」。大雅曰「陳錫載周」。是不布利而懼難乎，故能載周以至於今。今王學專利，其可乎？匹夫專利，猶謂之盜，王而行之，其歸鮮矣。榮公若用，周必敗也。』厲王不聽，卒以榮公爲卿士，用事。

唐固曰：『言文王布錫施利，以載成周道也。』

韋昭曰：『召康公之後穆公虎，爲王卿士也。』

括地志云：『晉州霍邑縣本漢彘縣，後改彘曰永安。從鄗犇晉也。』

王行暴虐侈傲，國人謗王。召公諫曰：『民不堪命矣。』王怒，得衛巫，使監謗者，以告則殺之。其謗鮮矣，諸侯不朝。三十四年，王益嚴，國人莫敢言，道路以目。厲王喜，告召公曰：『吾能弭謗矣，乃不敢言。』召公曰：『是鄣之也。防民之口，甚於防水。水壅而潰，傷人必多，民亦如之。是故爲水者決之使導，爲民者宣之使言。故天子聽政，使公卿至於列士獻詩，瞽獻曲，史獻書，師箴，瞍賦，矇誦，百工諫，庶人傳語，近臣盡規，親戚補察，瞽史教誨，耆艾脩之，而後王斟酌焉，是以事行而不悖。民之有口也，猶土之有山川也，財用於是乎出；猶其有原隰衍沃也，衣食於是乎生。口之宣言也，善敗於是乎興。行善而備敗，所以產財用衣食者也。夫民慮之於心而宣之於口，成而行之，若壅其口，其與能幾何？』王不聽。於是國莫敢出言，三年，乃相與畔，襲厲王。厲王出奔於彘。

注釋 ①蒸：同『烝』，衆，衆多。②匪：同『非』，不。爾極：等於說『極爾』，意思是把你當作榜樣。

譯文 夷王駕崩後，他的兒子厲王胡即位。厲王在位三十年，他貪圖錢財，和榮夷公親近。大夫芮良夫勸諫厲王說：『王室也許就要衰落了？榮夷公愛好壟斷錢財卻不知道大難就要來臨了。錢財，本來應該是萬物所產生，是天地所承載的，如果想要專有，害處實在太多了。天地萬物是供給大家取用的，怎麼能夠獨自占有呢？他觸怒的人太多了，又不防備大的禍患。用這些來教導王，王怎麼能夠長久地統治呢？作爲百姓的王，應該疏導錢財，散布到上下所有人中。儘管對神、對人、對萬物做到極致，仍然會每天提心吊膽，擔憂引起不滿。因此《頌》說：「追念祖先后稷有文德，功高比天地，安定衆多百姓，所有的人都向你看齊。」《大雅》中寫道：「廣施恩澤，成就周邦。」這不就是說要布施錢財同時也要畏懼災難嗎？因此使周朝綿延至今。如今王學的是專占錢財，這怎麼可以啊？一個普通人專占錢財，就要稱爲「盜」，作爲王如果這樣做，願意歸附他的人一定就少了。榮夷公如果得到重用，周朝一定會衰敗。』厲王不聽建議，最後仍然任命榮夷公爲卿士，讓他負責管理國家大事。

王施行暴政，奢侈傲慢，國都中的人都開始說王的壞話。召公勸諫說：『人民不再接受您的召命了。』王非常憤怒，找到一個衛國的巫士，讓他監視誹謗王的人，祇要發現誰報告給王就殺掉。結果，誹謗王的人少了，諸侯也不來朝見王。三十四年，王對百姓的控制更嚴厲，國都中的人都不敢隨便說話，走在路上也祇是用目光打招呼。厲王非常得意，他告訴召公說：『我可以平息百姓的誹謗，使他們不敢講話。』召公說：『這是因爲您已經把百姓的嘴都堵住了。堵住百姓的嘴要比堵住洪水還要危險。洪水被堵塞會泛濫沖破堤壩，傷害的人一定很多，而堵住百姓的嘴和這個道理一樣。因此，治理河流的人應該對水流加以疏導，治理百姓的人應該讓人民暢所欲言。因此天子管理國家，應該讓公卿乃至列士都獻詩，讓盲樂師獻上樂曲，讓史官獻上史書，讓師進行規誡，讓無眼珠的盲人講述事情，讓有眼珠的盲人大聲朗誦，讓百工都來勸諫，讓百姓互相議論，讓親近的大臣規勸，讓親戚補察失誤，讓盲樂師和史官一起教誨，讓老人們進行整理，最後由帝王仔細斟酌，這樣政事才能夠施行并不違背情理。人民有嘴，就好像土地上有山川一樣，財貨都是從那裏產生；就像平原上有肥沃的田野，衣服糧食都是從那裏產生。讓百姓把話都講出來，治理國家的好壞就都可以看出來。做好事并防備出現壞事，

這就像大地上產生財貨用於衣食的道理一樣。百姓心裏怎麼想的，嘴上就怎麼說，這樣才能把事辦好，如果堵住百姓的嘴，又怎麼能長久呢？』王不聽從勸諫。於是，國中的百姓都不敢說話，過了三年，人民一起發動叛亂，攻襲厲王。厲王逃亡到彘。

【原文】厲王太子靜匿召公之家，國人聞之，乃圍之。召公曰：『昔吾驟諫王，王不從，以及此難也。今殺王太子，王其以我爲仇而懟怒乎？夫事君者，險而不仇懟，怨而不怒，況事王乎！』乃以其子代王太子，太子竟得脫。

召公、周公二相行政，號曰『共和』。共和十四年，厲王死於彘。太子靜長於召公家，二相乃共立之爲王，是爲宣王。宣王即位，二相輔之，脩政，法文、武、成、康之遺風，諸侯復宗周。十二年，魯武公來朝。

宣王不脩籍於千畝，虢文公諫曰不可，王弗聽。三十九年，戰於

千畝，王師敗績於姜氏之戎。

宣王既亡南國之師，乃料民於太原。仲山甫諫曰：『民不可料也。』宣王不聽，卒料民。

感諫勤政

宣王雖然賢明，但也有不好的習慣，就是貪睡。姜后恐他誤了國事，想勸諫他，於是，摘掉髮簪、首飾，身穿素衣，把自己幽禁在關女囚的永巷內。宣王說：『這是我的過失，不是夫人的罪呀。』遂褒獎了王后。自此以後，就勤於政事，每日早起視朝，直到很晚才回。

譯文

厲王的太子靜藏身在召公家中，國都中的百姓聽說以後，便包圍了召公的家。召公說：『以前我多次勸諫王，但是王不聽，因而才有了今天的災難。如今我要是殺死王的太子，王也許會認爲我是因爲記仇因此泄憤吧？服侍主人，儘管身處危難也不應該記仇，儘管有怨氣也不應該發泄，何況是服侍天子呢？』因此，他用自己的兒子代替了王的太子，太子最後才逃脫了災難。

召公、周公兩位相共同執政，號『共和』。共和十四年，厲王死在彘。太子靜在召公的家裏長大，兩位相於是共同擁立他成爲王，這就是宣王。宣王即位，兩位相輔佐他治理國家，脩整政治，效法文王、武王、成王、康王的遺風，諸侯們又重新歸順周。十二年，魯武公前來朝見王。

宣王廢棄了天子籍田上的籍禮，虢文公勸諫說不可以這樣。王不聽從。三十九年，王的軍隊在千畝和姜氏之戎大戰，最後失敗。

宣王丟掉征伐南方的軍隊以後，便直接在太原統計民戶。仲山甫勸諫說：『民戶不可以由王直接進行統計。』宣王不聽從勸告，仍然直接統計民戶。